TEXTE VINCENT KARLE
PHOTOGRAPHIES GUILLAUME RIBOT

le bec en l'air
ÉDITIONS

OQTF L'Obligation de quitter le territoire français est une mesure administrative d'« éloignement des étrangers » selon le droit français (article L.511-1 du code de l'entrée et du séjour des étrangers et du droit d'asile).
« Invitation à quitter la France » dans le délai d'un mois, passé ce délai elle devient d'office une mesure d'expulsion, et s'accompagne d'un arrêté fixant le pays de destination.

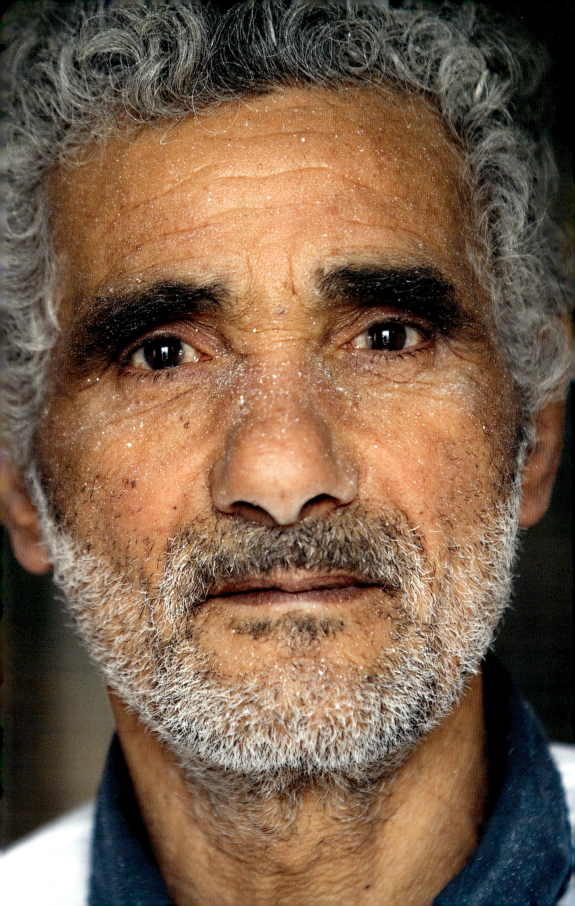

Le tunnel du Fréjus est long, vieux et sombre. On dirait une prison. Mais pour Tahar Ayari, sans-papiers sous le coup d'une OQTF (Obligation de quitter le territoire français), expulsé de France vers l'Italie, c'est paradoxalement le chemin vers la liberté. Sa mesure d'éloignement est un aller-retour entre la peur et l'espoir. Lorsqu'il apprend son expulsion, il est plutôt soulagé : il parle italien, les autres « retenus » comme lui au centre de rétention administrative de Lyon le félicitent même, il sait qu'il peut revenir. Mais lorsque, ensuite, il erre de gare en gare derrière la frontière, il n'est plus sûr de rien.

Pourquoi en est-on arrivé là ? Quels événements l'ont conduit ici, sous ce tunnel ? Avant de continuer sur le chemin de l'expulsion de Tahar, je veux arrêter un instant le cours des choses et réfléchir.

« Sans-papiers » : une image figée de familles réfugiées dans une illégalité trouble, des termes aux consonances étrangères, des abréviations administratives indéchiffrables, voilà tout ce que l'on sait d'eux la plupart du temps. Immigrés, clandestins ou sans-papiers, les fragments de leur vie s'éparpillent sous la pression de photos plus spectaculaires et de mots plus pesants : boat people, files d'attente, travailleurs illégaux, logements insalubres, manifestants, slogans, policiers, menottes, avions, charters… Paradoxe d'une réalité millénaire devenue depuis peu phénomène de société, à force d'images et de mots trop vus et entendus, ils cessent d'être des hommes, des femmes, des enfants, pour devenir des clichés, des abstractions qui ne nous touchent plus.

Alors je pose des questions simples : qui sont-ils ? Quelle est leur histoire ? Comment sont-ils parvenus jusqu'ici ? Comment vivent-ils à côté de chez nous ? Où cela va-t-il les mener ?

Au début du XXIe siècle, des gens comme Tahar arrivent en France. Ils ont tourné le dos à leur vie passée, surmonté souvent mille épreuves pour un avenir meilleur. Certains les accueillent pour leur apporter protection, soins, emploi, éducation, parce qu'ils pensent qu'il y a beaucoup à apprendre de l'autre. D'autres les traquent, les dénoncent, les égarent dans le labyrinthe des démarches administratives pour mieux les renvoyer en arrière sans se poser de questions. Leur histoire est réduite à quelques mots incompréhensibles et à une image artificielle, leur identité est niée, leur langage confisqué.

En marge de l'action militante quotidienne, nécessaire, et du battage médiatique, politique, je porte un autre regard. En prenant le temps de les rencontrer, de les connaître, de partager un peu leur vie, je montre qu'il n'existe pas un modèle simpliste du sans-papiers, mais à chaque fois des trajectoires uniques. Je le fais en employant la parole qu'ils m'ont confiée et en montrant l'image qu'ils m'ont offerte. Je les confronte ainsi à celle que nous tous, le « grand public », croyons posséder d'eux. Et aussi, parce qu'ils ne sont pas complètement isolés, à ceux qui les côtoient : militants, avocats, éducateurs, collègues de travail, policiers…

On les traite souvent comme des anormaux alors qu'ils ne cherchent qu'une chose, être acceptés comme des gens normaux : c'est cette normalité, voulue envers et contre tout, que révèle ce livre. Loin du sensationnel, mais parfois à la limite de la tragédie ou de la comédie, entre absurdité et angoisse, ce livre dessine quelques portraits d'un quotidien sans papiers. Sans artifices, mais avec la volonté de redonner leur sens aux mots, aux images, de se réapproprier le langage, le nôtre, le leur, pour que Tahar ne devienne pas un fantôme, une statistique, pour qu'il ne disparaisse pas dans l'indifférence et dans l'oubli.

Pourquoi en est-on arrivé là ? Revenons un peu en arrière, à l'arrivée de Tahar et des siens en France…

« ON NE DEMANDE PAS UN MIRACLE, JUSTE VIVRE COMME LES AUTRES, **UNE VIE NORMALE.** »

« TOUTE PERSONNE A LE DROIT DE CIRCULER LIBREMENT ET DE CHOISIR SA RÉSIDENCE À L'INTÉRIEUR D'UN ÉTAT. TOUTE PERSONNE A LE DROIT DE QUITTER TOUT PAYS, Y COMPRIS LE SIEN, ET DE REVENIR DANS SON PAYS. »
(DÉCLARATION UNIVERSELLE DES DROITS DE L'HOMME*, ARTICLE 13)

* Déclaration adoptée par l'Assemblée générale des Nations unies en 1948 à Paris.

« J'AI QUITTÉ LE PAYS OÙ JE SUIS NÉE. »

J'ai rencontré Tahar grâce à sa fille, Maroua, parce qu'elle a voulu raconter son histoire. Parce qu'elle m'a dit un jour : « Ma famille est sans papiers, je veux faire connaître notre vie, pouvez-vous m'aider ? » Son récit dévoile avec ses mots le quotidien de l'exil, leurs espoirs, leurs épreuves, à commencer par un passé auquel ils ont tourné le dos, mais qu'ils n'ont pas oublié.

« Je m'appelle Maroua, j'ai onze ans, je vis en France depuis quatre ans, mais je suis née en Sicile. Mes parents, Tahar et Mahjouba, sont Tunisiens. Ils sont partis pour l'Italie avant ma naissance, et aujourd'hui nous habitons tous en France, avec ma grande sœur, Safé, et mon petit frère, Mohammed. Mes parents viennent de Bizerte, en Tunisie. Un jour, mes grands-parents maternels ont invité mon père, c'est là que mon père et ma mère se sont rencontrés. Papa se souvient encore que maman portait une salopette. Elle avait vingt-deux ans. Après une année passée ensemble pour mieux se connaître, ils se sont mariés en 1992. Ma sœur Safé est née un an plus tard.

Puis, papa a décidé de quitter la Tunisie en disant : "Je vais chercher la fortune ailleurs." En 1996, ils se sont retrouvés en Italie et, le 30 décembre 1997, je suis venue au monde en Sicile. Nous y avons vécu ensemble jusqu'en 2005.

En Sicile, l'école commençait à 8 heures 30, jusqu'à 13 heures 30. Il n'y avait pas école l'après-midi. La récréation était plus longue qu'ici, on avait le droit de manger des sandwiches, c'était bien. Les professeurs passaient d'une salle de classe à l'autre, les élèves ne bougeaient pas. J'étais forte en maths, j'adorais ça, c'était ma matière préférée.

Pour mes parents, la vie était dure. Maman n'arrivait pas à trouver un travail régulier. Je me souviens, la plus longue période où elle a été employée a duré quatre jours… Quatre jours en neuf ans ! Et papa s'est retrouvé au chômage sans arriver à retrouver autre chose. Alors ils ont décidé de quitter la Sicile et de venir en France, à Grenoble où vivaient mon oncle et sa famille.

À cette époque, je disais tout le temps à mes copines : "Je vais partir en France." Personne ne voulait me croire parce que je ne partais jamais. Le jour où je suis vraiment partie, la seule à comprendre que je disais vrai, c'est la copine que j'ai invitée chez nous : elle avait vu mes valises. **Aujourd'hui, ils savent tous que je ne leur ai pas menti : j'ai quitté le pays où je suis née.** »

Extrait du témoignage de Maroua : *Il faut déménager, la police va venir nous chercher*, édité par le RESF[1] en 2009.

Maroua Ayari dédicace un exemplaire de son livre qui raconte son histoire : le quotidien d'une famille sans papiers.

1. Réseau éducation sans frontières.

Pour accéder à l'Ada, on passe devant une fresque murale peinte à l'entrée de la maison des associations de Grenoble.

DEMANDER L'ASILE

Pour découvrir des histoires différentes de celle de Maroua et sa famille, je rencontre Olivier Tirard-Collet. Employé à l'Accueil des demandeurs d'asile (Ada), situé à la maison des associations de Grenoble, il est souvent la première personne que les étrangers rencontrent à leur arrivée.

« À l'Ada, nous aidons les personnes qui le sollicitent à obtenir le statut de réfugié, et nous les accompagnons dans leurs démarches auprès de l'Ofpra[2] et des administrations. Voilà mon travail : accueillir les gens, les aider à remplir les formulaires, les préparer à l'entretien devant les juges, rédiger les recours, leur trouver un avocat, le payer… Et puis ouvrir leurs droits : la Sécurité sociale, la tarification solidaire des transports, l'allocation temporaire d'attente — 320 euros par mois —, de quoi ne pas crever de faim en attendant une réponse.

Le chemin est simple. La personne doit se déclarer à la préfecture : tout commence là. Au rendez-vous suivant, elle doit revenir avec quatre photos d'identité et une domiciliation postale - souvent la nôtre, c'est lors de cette première semaine que nous intervenons. Ensuite on constitue le dossier pour l'Ofpra : État civil, métier, situation familiale, récit de vie, c'est là qu'on devient vraiment demandeur d'asile. L'Ofpra, administration dépendant du ministère de l'Intérieur, est le seul organisme en France habilité à examiner ces dossiers et à donner une protection. Actuellement, l'Ofpra accorde le statut de réfugié à environ 10 % des personnes. Les 90 % restants peuvent déposer un recours auprès de la CNDA[3], branche administrative du ministère de la Justice.

Je me souviens d'un couple débarqué en pyjama à la maison des associations. Je traverse le square, un matin d'août 2008, je les vois devant la porte, en pantoufles et robe de chambre. Je les fais entrer, je découvre qu'ils arrivent directement de Géorgie, fuyant l'invasion russe. Ils avaient la cinquantaine, mais ils faisaient plus vieux, ils étaient originaires de Tskhinvali : une bombe a rasé leur maison, eux étaient réfugiés dans la cave, ils sont sortis des décombres, tout le monde courait dans tous les sens, ils ont couru aussi, ils sont montés dans un camion qui les a menés jusqu'à la frontière, en pyjama. Après, ils ont embarqué dans un camion frigorifique qui a traversé l'Europe, avec une couverture, une boîte de conserve que leur avait filée le chauffeur, comme ça pendant trois jours. Ils étaient frigorifiés au sens propre du terme. Et ils n'avaient rien, pas un vêtement, pas un papier, rien. L'ironie c'est, qu'à l'époque, la Géorgie était classée comme un "pays sûr" par l'Ofpra : élections un an avant, régime stable, grande démocratie. Depuis, c'est le chaos… Bref, on leur trouve des fringues, on les loge à l'hôtel, on monte leur dossier. Ils ne

---

2. Office français de protection des réfugiés et apatrides.
3. Cour nationale du droit d'asile.

comprenaient rien à ce qui leur arrivait, ils ne parlaient que le géorgien. La dame était très malade, elle avait subi un traumatisme lors d'un premier conflit, quand sa fille a été tuée dans ses bras : durant un bombardement, elle est sortie avec son enfant dans les bras et la fillette a reçu une balle perdue. Au bout de deux ans de procédure, de refus, de recours, ils ont finalement obtenu le statut de réfugiés. Ils vivent toujours ici, ils ont le RSA[4], ils vont finir leurs jours en France, ils passent encore de temps en temps…

Le ministère de l'Intérieur présente souvent les demandeurs d'asile comme des parasites qui profitent du système pour émigrer illégalement. Il arrive que des personnes nous servent une histoire transmise par la communauté ou achetée à des passeurs. Ils subissent une chose grave qui les pousse à partir, mais ensuite on leur dit : "Raconte ça et tu deviendras réfugié." Ça ne signifie pas que ces gens n'ont pas besoin de protection. Il faut voir qu'ils débarquent dans une détresse absolue, et nous, on leur fait raconter leur vie. Vous avez vécu des choses atroces, vous avez foutu le camp, abandonné votre famille, votre pays, vous avez subi les violences des passeurs, vous ne parlez pas la langue : ce ne sont pas les conditions pour donner un récit serein. Ils ne sont pas prêts pour ça, leur histoire tient souvent du traumatisme psychiatrique, il faudrait un travail sur des années, et nous, on doit tout boucler en un entretien, une demi-journée ! À l'Ofpra, parfois on leur pose des questions comme : "Vous avez été violée combien de fois ? Ils étaient combien ? Quelle était la couleur de leur uniforme ?"

Ce qui est sûr, c'est que les gens qui viennent chez nous, ils n'ont pas le choix. Ce ne sont pas des touristes ! On ne quitte pas son pays, sa famille, ses amis, son village, sa langue par gaîté de cœur ! Ce ne sont pas des gens qui vont voir ailleurs si l'herbe est plus verte ! Même si les possibilités de retour au pays sont diverses : pour certains c'est une question de vie ou de mort, pour d'autres il y a juste la certitude de retrouver une misère noire, pas de boulot, pas d'école, pas de logement… Des discriminations qui ne sont certes pas des persécutions, mais qui vont leur pourrir la vie.

Je me rappelle le cas d'un homme. Il vient du Congo, il arrive complètement à la ramasse, entre nous on le surnomme Droopy : il a tout laissé derrière lui, il est incapable de formuler quelque chose de cohérent, aucune réaction, rien. Il arrive avec une histoire pas nouvelle : son père est militant politique, il a disparu, les militaires ont débarqué à la maison et ont tabassé tout le monde. Il se présente à l'Ofpra, vingt minutes d'entretien, rejet, fini. Et puis il rencontre un psychologue, et là, il lâche le morceau : "En fait je suis un *chégué*." Ce sont les enfants des rues à Kinshasa : orphelins, persécutés, ils vivent de rapines, ils se droguent, ils se font tabasser par tout le monde, on leur met un pneu enflammé autour du cou, ce genre de choses… Donc on fait un complément de recours :

Dans l'armoire de l'Ada, chaque dossier raconte l'histoire d'une personne, d'un exil, d'un espoir.

4. Revenu de solidarité active.

"En gros, j'ai raconté n'importe quoi dans mon recours, mais voilà, je suis *chégué*, je ne peux pas rentrer parce qu'on va me faire subir un traitement inhumain ou dégradant." Il est convoqué quelques mois plus tard, et là il tombe sur un juge extraordinaire qui l'écoute sortir son histoire sur son père, puis le questionne sur ce qu'il a vraiment vécu à Kinshasa, dans la rue. L'autre parle, avec sa gueule de Droopy. Et le juge rend sa décision : "L'histoire du père est invraisemblable et la demande d'asile au titre de la Convention de Genève est rejetée ; en revanche, le récit sur ses conditions de vie dans la rue est très convaincant, il est fort plausible qu'il retrouve les mêmes conditions à son retour, en conséquence nous décidons de le protéger en France."

C'est une décision extraordinaire ! Il reconnaît que la procédure initiale repose sur n'importe quoi, mais aussi que la situation sociale de cet homme est très grave. Donc il n'a pas obtenu la carte de séjour de dix ans, mais une protection subsidiaire pour un an, attribuée à quelqu'un menacé de traitement inhumain ou dégradant, ou de la peine de mort. Et, depuis, il est transformé : ce n'est plus Droopy, il a la banane en permanence ! Tout ça grâce à un juge qui a su faire la nuance entre une fausse demande d'asile et une véritable situation de souffrance… C'est très rare. En général le juge voit passer dix ou douze personnes dans la matinée, il a une vingtaine de minutes avec chaque personne ; entre la présentation du rapporteur et celle de l'avocat, il reste quatre minutes et une question et demie à la personne pour convaincre le juge : c'est l'usine.

Il y a d'autres situations beaucoup plus rudes. C'est le cas d'une dame de la haute bourgeoisie de Kinshasa qui a organisé un transport de nourriture et de vêtements dans l'Est du Congo, en pleine offensive des rebelles contre l'armée régulière. Elle a été arrêtée par l'armée au motif qu'elle apportait de l'aide aux rebelles, ils l'ont enfermée dans un container, sous terre, violée quotidiennement. Au bout d'un mois et demi, c'était un déchet vivant, ils l'ont jetée dehors. Elle s'est traînée jusqu'à la ville, elle est parvenue en Ouganda, puis jusqu'en France. Eh bien, sa demande a été rejetée. Pourtant, elle était dans un état de décomposition avancé. Elle avait le corps pourri, comme si elle avait passé six mois enterrée, la peau qui partait, elle donnait la sensation d'un morceau de bois qui se délite. Le médecin nous a dit qu'à l'intérieur, plus rien ne fonctionnait, tous ses organes étaient en vrac. Et ce qu'elle racontait était extrêmement pénible. Il a fallu trois entretiens pour établir le récit de l'Ofpra. Mais ils lui ont dit : "Vous ne craignez rien, ce que vous racontez est plausible mais ça ne signifie pas que si vous repartez à Kinshasa vous craigniez quelque chose." Ils n'ont tenu aucun compte de son traumatisme. Notre recours a insisté là-dessus : le fait d'avoir subi des "violences d'une exceptionnelle gravité", même si on ne craint plus de persécutions à l'avenir, peut justifier une protection. Mais là, non. »

Olivier Tirard-Collet accueille les demandeurs d'asile à la maison des associations. Il est souvent la première personne que les étrangers rencontrent à leur arrivée.

UNE VIE NORMALE ?

Comparée aux récits recueillis par l'Ada*, la vie de Maroua et de sa famille semble présenter tous les aspects de la normalité. Mais le présent de cette « vie normale » cache un combat quotidien.

« Dès mon premier jour d'école, tout le monde est venu me parler. Je les comprenais car je connaissais un tout petit peu le français, mais je ne pouvais pas leur répondre. Je me souviens de ma première dictée : pas un seul mot juste ! En un semestre, j'ai su écrire. Maintenant, mon professeur de français me dit que je travaille bien. En CM2, alors que nous devions inventer des histoires, il m'a félicitée : je n'ai pas fait beaucoup de fautes d'orthographe !

Maman, elle rêve d'une grande maison, avec un jardin, un garage et une voiture à l'intérieur… Elle n'a plus ses parents, sa mère est morte en même temps que mon frère est né. D'un côté, maman était contente de l'arrivée de mon frère, et de l'autre, désespérée parce que sa mère était morte. Comme mon frère allait naître, elle n'a pas pu se rendre en Tunisie pour l'enterrement. Elle est très patiente. Elle patiente depuis 2005 pour obtenir nos papiers. C'est elle qui s'occupe de toutes les démarches, elle fait plein de choses à la fois, il lui arrive de ne pas aller très bien, de déprimer un peu, sans qu'on s'en aperçoive.

Mon père, le jour où il nous a rejoints, il s'est perdu : il a pris le mauvais bus et il a terminé à Tataouine. Quand il est enfin arrivé, je lui ai sauté dans les bras, ça faisait un an qu'on ne s'était pas vus. Il m'a demandé tout simplement : "Bonjour, ça va ?" Nous sommes rentrés chez nous : nous étions enfin tous les cinq réunis.

Il court beaucoup, il joue au foot, il tient la forme. Il fume beaucoup aussi. Il est très maigre même s'il mange. Il a des grandes mains de maçon, avec des cicatrices, il a eu un accident de travail. Parfois, on lui dit quelque chose et il se met à rigoler sans raison, et alors ma mère se met à rire aussi.

Ce matin, je dois retourner au collège pour la rentrée, mais j'ai peur : nous avons reçu une OQTF* et toute la famille peut être expulsée. Une copine m'a demandé si elle pouvait dire aux autres que je n'avais pas de papiers. Je lui ai dit non parce que j'avais honte, mais elle leur a dit quand même ! Elles sont venues me voir. J'ai eu peur sur le coup, et puis en fait je ne le regrette pas : depuis elles me demandent chaque jour comment ça se passe et ça me fait chaud au cœur. »

La famille Ayari, une famille comme les autres.

Extrait du témoignage de Maroua : *Il faut déménager, la police va venir nous chercher, op.cit*

« ICI, ON APPLIQUE LA LOI ! »

« LES ENGAGEMENTS QUALITÉ MARIANNE : POUR VOUS RENDRE UN MEILLEUR SERVICE. UN ACCUEIL COURTOIS. DES INFORMATIONS CLAIRES. UNE ÉCOUTE PERMANENTE. DES DÉLAIS GARANTIS. WWW.MODERNISATION.GOUV.FR ».

AFFICHE À LA PRÉFECTURE DE L'ISÈRE

« ICI ON APPLIQUE LA LOI ! »

En ce matin de printemps, à la préfecture de l'Isère, Tahar Ayari vient retirer un dossier de titre de séjour. C'est une démarche banale qu'il a déjà accomplie plusieurs fois depuis cinq ans. **Une formalité de routine, se présenter au guichet et emporter quelques feuillets vierges à remplir.** Pourtant, l'ambiance est lourde, le climat est tendu sur la question de l'immigration ; il est donc accompagné par quelques militants en prévision d'un excès de zèle de la préfecture.

Tahar fait la queue à l'accueil, obtient un ticket pour le bureau des étrangers, refait la queue, parvient devant une employée. Elle examine son passeport, consulte son ordinateur et lui répond aussitôt qu'il ne peut pas retirer de dossier. Il s'étonne, elle répète qu'elle ne peut rien lui donner et fait signe à la personne suivante de s'avancer.

Tahar bat en retraite et tous se concertent. Cette première étape est nécessaire pour ajouter à son dossier son nouveau contrat de travail. Mais voilà qu'on lui refuse le simple droit de demander, la moindre explication, et il ressort sans même une preuve de sa requête et de son refus. C'est illégal. Il entre à nouveau.

Cette fois, l'attente dure plus longtemps. Les gens vont et viennent dans le hall. Un homme en tenue de chantier, pull taché de peinture et pantalon blanc, un dossier à la main, lit et relit son ticket : « Bienvenue à la préfecture ». Une jeune fille asiatique guide son grand-père et lui traduit des papiers.

Un employé refait les mêmes gestes que sa collègue et lui signifie un refus identique : Tahar souhaite voir son responsable, on lui répond que celui-ci est « parti déjeuner il y a une heure ». Les gens continuent de défiler au rythme des numéros. Un écran plat flambant neuf affiche des vues touristiques de l'Isère sous ce texte : **« Le temps d'attente estimé pour une carte de séjour est de : 3 minutes. »** Des enfants jouent, un monsieur qui traîne une énorme valise parlemente avec une dame au guichet, des employés passent, un café à la main.

Tahar profite d'un vide entre deux personnes pour relancer le guichetier, qui fait un signe de la main : « Ne vous faites pas de souci, je ne vous ai pas oublié. » Il se rassoit sous une affiche bleu, blanc, rouge vantant « Les engagements qualité Marianne : accueil courtois, écoute permanente, délais garantis. »

L'homme au guichet reçoit un appel téléphonique et assure : « Il ne va pas tarder ! » Depuis un moment déjà, tous s'interrogent sur ce délai : est-ce une simple bataille de plus dans la guerre d'usure ou bien y a-t-il un véritable danger ? Un enfant tue le temps en dessinant sur un imprimé vierge « Label Marianne ».

Enfin une dame remonte le rideau d'un guichet et lui fait signe d'approcher. Elle ne sourit pas, ne dit pas bonjour, semble en colère. Ils réitèrent leur requête, elle les coupe : « Leur cas est déjà réglé, ils ont une OQTF, ils n'ont pas besoin d'un nouveau dossier ! » Ils répondent que l'OQTF a expiré et qu'il y a de nouveaux éléments, elle tranche : « Non, il n'y a pas de nouveaux éléments dans ce dossier, je le sais. De toute façon ils ne pourront jamais travailler ici ! Et vous n'avez pas à intervenir dans cette histoire, vous n'êtes pas partie prenante, c'est une affaire de droit privé ! » Surpris par son agressivité, Tahar réplique que ce refus est illégal et exige un document écrit où elle explique sa décision, elle s'emporte : « De quel droit vous vous permettez de me demander ça ?! Ici, on applique la loi ! » Et elle quitte la pièce.

Pour retirer un dossier de demande de titre de séjour, il suffit normalement de demander au guichet quelques feuillets vierges à remplir. Dans le cas de Tahar Ayari, les choses sont un peu plus compliquées.

pages suivantes :

Extrait du Ceseda, le Code de l'entrée et du séjour des étrangers et du droit d'asile.

Tandis qu'une délégation d'élus et de militants rencontre le chef du cabinet du Préfet, Mohammed joue au foot dans la fontaine située devant la préfecture.

LES MESURES D'ÉLOIGNEMENT

I – OBLIGATION DE QUITTER LE TERRITOIRE

A – Économie du dispositif

2) Suppression de l'invitation de quitter le territoire. Jusqu'en 2006, l'Administration accompagnait ses refus de titres de séjour d'une invitation à quitter le territoire qui ne faisait pas grief et ne pouvait donc pas être attaquée (CE, 14 oct. 1987, req. n° 70626, *min. Int. c/ Ramkhelawson*). Pour la même raison, le juge des référés ne pouvait pas en prononcer la suspension (CAA Bordeaux, 3 juill. 1996, req. n° 96BX00177, *Zama*).

3) Jonction de trois contentieux. La loi n° 2006-911 du 24 juillet 2006 a mis fin à cette situation en créant un nouveau dispositif de départ forcé qui permet au préfet qui refuse la délivrance ou le renouvellement d'un titre de séjour ou qui le retire pour un motif autre que l'existence d'une menace à l'ordre public d'assortir sa décision d'une « obligation de quitter le territoire ». Investie d'une force exécutoire et fixant un pays de destination, cette décision doit être exécutée volontairement dans le mois. Le dispositif qui permet de lier trois contentieux devait entrer en application au plus tard au 1er juillet 2007. Il a finalement été opposable dès le 1er janvier 2007 après la publication des modalités d'application (D. n° 2006-1708, 23 déc. 2006).

4) Finalités de la réforme. En créant l'obligation de quitter le territoire, le législateur a souhaité mettre fin aux dysfonctionnements constatés jusqu'alors en matière d'« invitation à quitter le territoire », dont l'exécution était subordonnée au départ spontané de l'étranger, et d'arrêtés notifiés par voie postale dont le taux d'exécution était presque nul.

5) Appréciation critique. Des doutes ont entouré la réussite de ce dispositif dès sa création si l'on veut bien admettre que l'obligation de quitter le territoire s'apparente à une mesure de reconduite à la frontière notifiée par voie postale. Comment l'administration pouvait-elle exécuter des décisions qu'elle n'était jamais parvenue à maîtriser depuis la mise en place du dispositif de la transmission de l'arrêté de reconduite par voie postale ? Selon le rapport de la commission « sur le cadre constitutionnel de la nouvelle politique d'immigration » présidée par Pierre Mazeaud (11 juill. 2008) et le Syndicat de la juridiction administrative (*AJDA* 2007, p. 2060), le taux d'exécution spontanée des obligations de quitter le territoire s'est élevé à 2,4 % ! Dans le même temps, la réforme du 24 juillet 2006 peut compromettre l'objectif politique, affiché depuis quelques années, d'améliorer le taux d'exécution des arrêtés de reconduite à la frontière. En instituant l'obligation de quitter le territoire, le Gouvernement a en effet restreint le périmètre de la reconduite à la frontière (cf. C. étrangers, art. L. 511-1, II, 3° et 6°).

Voir : art. L. 512-1, p. 267. – CJA, art. R. 775-1 à R. 775-10, p. 644.

6) Commission Mazeaud. Rendu public le 11 juillet 2008, le rapport de la commission « sur le cadre constitutionnel de la nouvelle politique d'immigration » présidée par Pierre Mazeaud a proposé de supprimer l'obligation de quitter le territoire. Pour la commission, loin des résultats escomptés, celle-ci a entraîné un afflux de requêtes en raison de son régime contentieux favorable aux intéressés et du volontarisme qui a marqué la pratique préfectorale en la matière. Le faible taux d'exécution spontanée qui s'élèverait à 2 % a également été mis en avant. La commission n'a pas pour autant proposé de rétablir le régime de la notification de l'arrêté de reconduite à la frontière par voie postale. Elle a préconisé de limiter le principe des mesures d'éloignement aux étrangers appréhendés par la police en situation irrégulière et placés en garde à vue.

B – Champ d'application

7) Pouvoir d'appréciation préfectorale. En refusant de délivrer un titre de séjour ou en prononçant son retrait pour des motifs autres que l'ordre public, le préfet n'est pas tenu de prononcer une obligation de quitter le territoire. Les règles de droit commun s'appliquent alors. En pratique, cette situation concerne les étrangers qui bénéficient d'une protection particulière au titre de l'article L. 511-4 du code mais que les préfets ne veulent pas régulariser, quand bien même les intéressés ne peuvent pas être éloignés.

8) Refus implicite. Les refus implicites de titre de séjour nés au terme d'un silence prolongé de quatre mois ne peuvent pas faire l'objet d'une obligation de quitter le territoire (V. par exemple CAA Douai, 3 juin 2008, req. n° 07DA01677, *M. Abderrezak X*).

9) Articulation avec la reconduite à la frontière. Si le préfet prononce un refus de titre de séjour sans l'assortir d'une obligation de quitter le territoire, une mesure de reconduite à la frontière peut ultérieurement être prononcée, au besoin par un autre préfet. Le préfet peut également signer un arrêté de reconduite visant un étranger qui a fait l'objet d'un refus de titre de séjour assorti d'une obligation de quitter le territoire. Cet arrêté peut intervenir avant l'expiration du délai d'un mois au cours duquel un étranger visé par une

Les dossiers des demandeurs d'asile sont empilés sur une table en attendant l'audience.

UNE MATINÉE AU TRIBUNAL

Quelques jours plus tard, au tribunal administratif de Grenoble, je viens assister à l'audience de Madame B. Déboutée du droit d'asile, elle a échappé de justesse à l'expulsion grâce à une erreur de procédure : les policiers venus l'arrêter ignoraient l'existence de ses enfants. Depuis, elle attend d'être fixée sur son sort. Son avocat m'annonce qu'elle ne viendra pas, son interpellation lui a causé une peur bleue des autorités. Il m'informe que 80 % des cas qu'il défend ici sont des causes perdues. « La juridiction administrative, ce sont des procédures écrites. On ne fait que lire les dossiers, on n'a pas le droit d'ajouter autre chose. C'est assez frustrant, il y a très peu de parole véritable. »

La salle d'attente est remplie par les familles et les avocats. Un bébé pousse de petits cris, un employé exige le silence d'une grosse voix. Il pousse un diable sur lequel sont entassés d'épais dossiers, les empile sur le bureau qui trône au milieu de la salle d'audience. Ils sont cinq à siéger : un seul homme, le juge administratif, est assis sous un écusson tricolore « République française », quatre femmes se passent les dossiers.

Plusieurs familles défilent d'abord, leurs histoires sont différentes, mais la cause est la même : refus de droit de séjour. Pour les uns, une sœur vient témoigner, dans un français parfait joliment teinté d'une pointe d'accent étranger. Pour les autres, on souligne qu'ils gagnent deux fois le Smic tunisien, ce qui est très suffisant pour vivre… en Tunisie.

Arrive enfin l'affaire enregistrée sous le numéro 08261 :

```
Préfecture de l'Isère contre Madame B., ayant pour
objet : d'annuler la décision du préfet de l'Isère en
date du 12 novembre 2008 lui refusant la délivrance
d'un titre de séjour et assortissant ledit refus
d'une obligation de quitter le territoire français
laquelle fixe le pays de destination, de condamner
l'État á lui verser la somme de 1 000 euros au titre de
l'article L.761-1 du code de justice administrative.
```

Une magistrate présente le cas d'une voix inintelligible : personne présente depuis moins de deux ans sur le territoire national, demandes de droit d'asile et de titre de séjour refusées, le mari et père des enfants résidant au Congo, la place de cette dame est auprès de lui. Selon le code de justice administrative, sa reconduite à la frontière ne peut être contestée. Elle précise que l'OQTF ne concerne pas ses enfants, mais rappelle que « les enfants ont vocation à suivre leurs parents ». Son récit est rapide, monocorde, inexpressif. Les formules administratives se succèdent sans aucune pause, elle s'arrête pour respirer au beau milieu d'une phrase dont elle ne retrouve plus ensuite le fil. Le sens de son discours est indéchiffrable, elle écorche les noms, on sent que le temps est compté.

L'avocat prend la parole et tente de s'exprimer plus calmement. Ce n'est pas une plaidoirie, il n'a droit qu'à quelques observations. Il rappelle que les quatre enfants de Madame B. sont mineurs, demande ce qui leur arrivera si leur mère est expulsée. Il souligne qu'ils ont changé deux fois d'école, qu'ils sont fragilisés par la vie qu'ils mènent, et invoque la convention de New York sur les droits de l'enfant. Il ajoute que le lien avec le mari n'a plus de sens, puisqu'elle n'a plus de relation avec lui et ne sait pas où il se trouve. Sur la demande d'asile, il explique le plus brièvement possible que Madame B. a fui la République démocratique du Congo suite aux persécutions liées à son engagement politique. Il conteste que son retour ne laisse craindre « aucune atteinte particulièrement disproportionnée » à son intégrité physique. Elle a déjà été convoquée par les services de sécurité et il estime que si on la renvoie chez elle, il est légitime de redouter qu'elle puisse subir « des traitements inhumains ou dégradants ».

Après un court silence, le juge conclut : « Le préfet de l'Isère n'est ni présent ni représenté. Le jugement est mis en délibéré. » Il referme le dossier, je regarde ma montre : l'étude du cas a duré exactement 8 minutes et 7 secondes. **Dehors, l'avocat s'excuse avec un sourire amer : « Je vous laisse, je suis attendu au tribunal d'instance. Là-bas au moins, on peut parler, et parfois, on nous écoute… »**

Une Marianne de verre trône sur un bureau à l'entrée du tribunal administratif.

APPRENDRE, TRAVAILLER, (SUR)VIVRE

« LA RENCONTRE AVEC DES DEMANDEURS D'ASILE RÉVÈLE DE PROFONDS TRAUMATISMES. LEUR IDENTITÉ EST ÉCARTELÉE ENTRE UN PASSÉ DOULOUREUX, UN PRÉSENT DIFFICILE ET UN FUTUR INCERTAIN. »

OLIVIER DAVIET, PSYCHOLOGUE

APPRENDRE

Septembre : retour à l'école pour Mohammed Ayari, le frère de Maroua. La police recherche sa famille depuis deux semaines et tout le monde se demande si les policiers seront au portail. Sa nouvelle école se trouve « rue de la Liberté », ce sont les enseignants et le RESF* qui l'emmènent, la présence de ses parents est trop dangereuse. Les militants du collectif sont à la grille, ils surveillent les alentours.

Retrouvailles, excitation, brouhaha. Des journalistes couvrent la rentrée – notamment celle de Mohammed : caméras et appareils photo se croisent sous le regard étonné de certains parents. Mohammed s'en fout, il joue avec ses copains. Une mère explique : « Moi, c'est mes enfants qui m'ont parlé de lui. Ils sont amis, ils ne veulent pas qu'il parte. » Une autre s'inquiète : « On a mobilisé un maximum de monde, mais il y en a encore qui ne sont pas au courant. »

Soudain, j'aperçois Tahar qui se fraye un passage jusqu'à son fils. Furtivement il se baisse, l'embrasse, lui glisse un mot à l'oreille, puis s'éclipse comme il est venu. Malgré les risques, il a voulu être présent aujourd'hui.

Quelque temps plus tard, un directeur d'école, Bernard Doutreleau, me confie :

« L'arrivée d'un enfant en grande précarité bouscule la vie scolaire, et là, il vaut mieux que l'équipe enseignante soit solidaire. Dans notre école, on scolarise depuis longtemps des enfants de familles logées dans le cadre de l'hébergement d'urgence du conseil général. Jusqu'en 2008, ils étaient environ cinq ou six par an, depuis ce chiffre a triplé. Beaucoup de ces familles sont sans papiers.

Pour que la greffe prenne, pour qu'un enfant trouve sa place dans l'école, cela demande de la part de l'enseignant une implication et un investissement en temps important. Mais nous essayons toujours de bien accueillir l'enfant dans sa nouvelle classe : on localise tous ensemble sur la carte son pays d'origine, on lui propose de nous dire son prénom dans sa langue, on demande aux élèves de le guider dans l'école et de l'aider dans son travail.

Et quand une famille a besoin, par exemple, d'une lettre mentionnant l'assiduité des enfants et leur effort d'intégration, c'est l'occasion de faire bloc derrière eux. Si ce n'est pas à l'école qu'on découvre la différence culturelle, si ce n'est pas par la scolarisation de tous les élèves que se vit la solidarité, où cela peut-il se vivre et s'apprendre ? »

Une partie de l'équipe pédagogique de l'école des Pies à Sassenage entoure le directeur, Bernard Doutreleau, au premier plan.

Malgré le risque d'une arrestation, Tahar vient embrasser son fils le jour de la rentrée des classes.

L'école de Mohammed est située rue de la Liberté.

Mohammed ne semble pas troublé
par l'attention dont il est l'objet.
Il cherche son nom sur la liste
des élèves et monte en cours
avec ses camarades.

Chiaka Fané tient la permanence du syndicat CGT des travailleurs sans papiers de l'Isère.

TRAVAILLER

Chiaka Fané venu du Mali, a travaillé en France, sans papiers, durant cinq ans avant d'être régularisé et d'adhérer à la CGT[5]. Je lui demande de me parler des sans-papiers dans le monde professionnel, il m'invite à sa permanence à la Bourse du travail de Grenoble.

« Concernant les travailleurs sans papiers, en 2011 leur nombre varie entre 6 000 et 7 000 en Isère. Et pour les dossiers connus on est dans les 270. Comme ils sont éparpillés dans plusieurs boîtes, on a créé le Syndicat multiprofessionnel des travailleurs sans papiers, pour les regrouper. Il n'est constitué que de sans-papiers, du secrétaire général aux adhérents. Les décisions sont prises en assemblée générale, votées et exécutées par les sans-papiers.

On ne savait pas comment constituer les dossiers, la CGT nous a aidés et aujourd'hui on se débrouille. **Au début c'était dur. Certains jours aux manifs, j'étais seul, je devais attacher la banderole à un arbre pour qu'elle tienne.**

Bosser sans papiers, c'est très simple (*il rit*) : avant 2008, généralement la préfecture ne contrôlait pas la pièce d'identité des travailleurs étrangers. Beaucoup avaient de fausses cartes, de faux numéros de Sécurité sociale, et la sécu, l'Urssaf[6], prenaient les sous sans problème. Les personnes étaient déclarées, elles avaient des fiches de paie, certains chefs d'entreprise employaient plusieurs sans-papiers. Des camarades ont été arrêtés la nuit : tu sors du boulot à trois heures du matin, tu n'as pas été payé de minuit à trois heures, plus de bus, tu rentres à pied, et tu te fais arrêter !

Quand on constitue un dossier, la préfecture demande des fiches de paie. La personne n'a pas de titre de séjour, la préfecture le sait très bien, et malgré ça on lui demande des fiches de paie : c'est la preuve que l'État profite de la situation.

On dit de nous qu'on profite du système, mais c'est tout à fait le contraire ! On cotise dans différentes caisses de retraite, à la Sécurité sociale, on déclare des impôts comme un salarié normal. Mais en contrepartie, rien. Moi, quand j'ai perdu mon emploi, je me suis adressé à l'Urssaf pour toucher le chômage, on m'a dit que je n'avais pas le droit, que je n'étais pas reconnu. Des collègues blessés lors d'un accident du travail, en arrêt maladie, ne peuvent rien toucher. **Pour donner de l'argent à l'État français, on ne te demande pas tes papiers, mais pour toucher de l'argent de l'État français, on te les demande !**

---

5. Confédération générale du travail.
6. Unions de recouvrement des cotisations de Sécurité sociale et d'Allocations familiales.

Certains patrons essayent d'aider leurs salariés à sortir de la clandestinité, mais la plupart laissent faire parce que ça les arrange. On a deux camarades, leurs dossiers sont bloqués. Pourtant ils bossent. Ils le faisaient déjà quand on a déposé leurs dossiers, ils ont reçu un récépissé avec "Droit au travail". Et, du jour au lendemain, une circulaire sort et on leur dit : vous n'avez plus le droit, votre secteur n'est plus prioritaire.

On nous parle de la crise, mais c'est juste un argument. On a plein de cas comme quoi les employeurs ont du mal à embaucher. Les dossiers qu'on dépose, c'est souvent avec l'appui d'un patron, ce sont eux qui font les documents pour régulariser un salarié. Chaque employeur passe par Pôle Emploi pour le recrutement, mais à défaut de trouver quelqu'un, ils demandent la régularisation d'un sans-papiers. C'est bien la preuve qu'on ne vole pas les emplois des Français ! C'est souvent des boulots très pénibles : le bâtiment, la restauration, le nettoyage, la sécurité… Les sans-papiers sont régularisables dans les secteurs "sous tension", définis avec les ministères du Travail et de l'Immigration. "Travailleur sans-papiers", c'est un statut qu'on a gagné ! Avant on n'était que des voleurs ou des voyous. »

« Dans les ouvriers qui ont construit les immeubles neufs du parc Ouagadougou à Grenoble, il y avait des sans-papiers. On le sait parce que plusieurs travailleurs sans papiers ont été arrêtés sur ce chantier. »
Chiaka Fané, responsable CGT sans-papiers.

double page suivante :
Maroua décrit les mains de Tahar : « Mon père, il a des grandes mains de maçon, avec des cicatrices, il a eu un accident de travail. »

(SUR)VIVRE

Se loger, se nourrir, se soigner : le moindre aspect du quotidien sans papiers est difficile. Olivier Daviet est psychologue, il a suivi de nombreux demandeurs d'asile dans un centre d'hébergement.

« J'ai fait mon premier stage en Cada[7] à la fin de mes études et j'y suis resté jusqu'en 2009. La première chose que j'ai remarquée en arrivant, c'est la pendule du bureau : elle était arrêtée, elle n'avait plus de piles et personne ne l'a jamais remise à l'heure, comme dans un lieu où le temps s'est arrêté. Les chambres de 9 m2, la promiscuité, la régression sociale, tout concourt à fragiliser les réfugiés.

Au début, il y a le tri. La Convention de Genève[8] instaure une catégorie particulière de migrants : les réfugiés. Donc, on trie : ceux qui entrent, ceux qui n'entrent pas. Sur un critère simple : "Prouvez-nous que vous avez assez souffert selon les critères de la convention." Tout part de là : si, par exemple, vous êtes malade, c'est bon pour votre dossier. Voilà bien souvent le premier rapport des réfugiés avec notre pays.

La rencontre avec des demandeurs d'asile révèle de profonds traumatismes qui contaminent de nombreuses dimensions de notre relation à eux. Une précision : le traumatisme est un événement psychique, pas un événement réel. La réalité n'est pas traumatique en soi, mais elle peut provoquer un traumatisme en fonction de l'histoire de chacun. C'est pour ça qu'il peut être utile que ces personnes soient reçues par un psychologue. Parce que le fonctionnaire qui doit statuer sur leur sort est sur l'événement réel. Contrairement au récit à l'Ofpra, conçu pour obtenir le droit d'asile, le psychologue doit leur permettre de se raconter à leur manière.

La procédure de demande d'asile fait courir le risque d'une dépossession de l'histoire des réfugiés. Ils ont vécu des choses très fortes, mais à force de les raconter au travailleur social, à la préfecture, à l'Ofpra, ils se mettent à distance de leur propre histoire, le récit devient un écran. C'est là qu'on peut confondre l'événement psychique et l'événement réel.

Mon travail thérapeutique arrive une fois que ce premier récit est construit. La première étape c'est de signifier aux victimes : "Vous pouvez me raconter ce que vous avez vécu, ça ne me détruira pas. Malgré les persécutions, les tortures, vous restez un être humain." Le trauma, j'insiste là-dessus, ce sont des stimuli trop lourds pour les capacités de digestion du psychisme. **Le trauma condamne les gens à un présent perpétuel** : lorsque quelqu'un me raconte un vécu traumatique,

---

Khadija, jeune majeure sans papiers, dans la chambre de son foyer d'hébergement : « Je n'ai plus d'argent pour payer ma chambre, je dois partir mais je n'arrive pas à faire mes bagages. »

---

7. Centre d'accueil de demandeurs d'asile.
8. Convention sur le statut des réfugiés et apatrides signée à Genève par l'ONU, en 1951.

il est en train de le vivre, là, maintenant ! Normalement notre psychisme range l'événement dans un tiroir de la mémoire, mais là ça peut revenir toutes les nuits dans un cauchemar récurrent, très précis et toujours identique, avec les images, les odeurs, les sensations tactiles. C'est une boucle, un présent qui nous rattrape à l'infini.

Le travail de psychologue est difficile parce qu'on doit être un écran de projection pour l'autre, pour qu'il puisse s'entendre, par écho, quand il se raconte, afin d'apaiser ses souffrances si possible. On doit être dans une position de neutralité bienveillante. Et un psychologue trop en colère parce qu'il passe son temps à ramasser à la petite cuillère des gens maltraités à l'Ofpra, il ne peut plus bosser…

Je me souviens d'un patient tchétchène. Je le suivais avec un interprète polonais, qui avait appris le russe mais n'était pas Russe, et ne représentait donc pas une menace pour le patient. Ce patient avait vécu en Tchétchénie des situations de guerre très dures, il avait dormi tout habillé durant des années l'arme à la main, c'était un guerrier. Il m'a raconté qu'il était visité toutes les nuits par d'anciens compagnons d'armes tombés au combat. Il n'en parlait à personne, à part moi. Je me suis demandé s'il délirait ou si la frontière entre la vie et la mort s'était brouillée pour lui. Il est revenu plusieurs fois et il me disait que nos séances lui faisaient du bien, qu'il discutait mieux avec ses "fantômes"… »

Dans chaque chambre du foyer de Khadija, il y a la place pour un lit, un meuble, une chaise, une valise.

Dans les colis alimentaires distribués aux demandeurs d'asile par les associations d'aide, on trouve des rations militaires et des produits fournis par l'Union européenne.

Des Soudanais qui ont fui la Libye après les événements de 2011 occupent une partie de ce squat. Là, à tout juste 300 mètres de la préfecture, ils attendent une réponse à leur demande d'asile.

POLICE PARTOUT
JUSTICE NULLE PART ?

(AFFICHE DU RÉSEAU *NO PASARAN* DANS LE BUREAU DE Mᵉ COUTAZ)

« SI LES POLITIQUES VEULENT VRAIMENT APPLIQUER JUSQU'AU BOUT CE QU'ILS ANNONCENT, EST-CE QUE LES FRANÇAIS SONT PRÊTS À EN ACCEPTER LES CONSÉQUENCES ? PARCE QUE SI VOUS VOULEZ VIDER LA FRANCE DE SES SANS-PAPIERS, CE N'EST PAS DES AVIONS QU'IL FAUT UTILISER, CE SONT DES TRAINS. TOUS LES JOURS. PENDANT PLUSIEURS ANNÉES. LES FRANÇAIS SONT-ILS PRÊTS À FAIRE CELA ? »

MAÎTRE CLAUDE COUTAZ, AVOCAT, CITANT UNE PERSONNE DE LA CIMADE

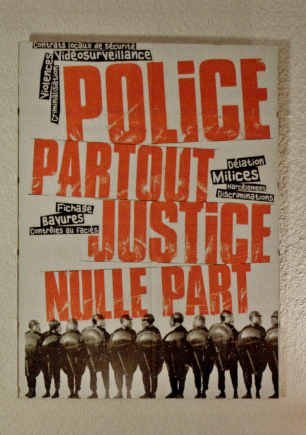

« C'EST UN PROBLÈME LES ÉTRANGERS ? »

Pour aborder le domaine du droit des sans-papiers, je sollicite l'avocat Claude Coutaz. Il me reçoit à son cabinet après sa journée de travail. Son bureau est vaste et confortable : large table impeccablement rangée, fauteuils en cuir autour d'un énorme aquarium, quelques rayonnages remplis de livres de droit. Sa robe noir et blanc est accrochée au portemanteau. Derrière lui, au-dessus de la cheminée, face au visiteur, une affiche « Police partout Justice nulle part » apporte une touche inattendue.

« Le droit des étrangers constitue une bonne moitié de mon activité : il y a des sans-papiers qui demandent un droit au séjour, bien sûr, mais aussi des gens qui ont des titres de séjour et qui veulent revendiquer leur droit à la nationalité française, ou bien faire venir leur famille avec le regroupement familial. C'est une matière que j'aime parce que je me sens utile lorsque j'aide ces gens-là, et puis dans ces affaires, l'adversaire c'est souvent l'État, et le côté "pot de terre contre pot de fer", j'aime bien. Qu'est-ce que vous voulez que l'accusé fasse, tout seul face à l'administration ? Il est complètement démuni !

J'ai prêté serment en 1998, je n'ai toujours fait que ça, et je constate encore la même maltraitance des sans-papiers, les mêmes situations dramatiques, l'administration les broie de la même manière, aux guichets et dans les tribunaux. Les lois changent, mais les préfectures ne les appliquent pas, et les tribunaux pas plus. Vous pouvez pondre les lois que vous voulez, si vous ne changez pas les personnes dans les préfectures, ou simplement les esprits dans la société, ça n'aura strictement aucun effet.

J'ai vécu un grand moment à la sortie de *Welcome*[9], parce que tous ceux qui l'ont vu semblaient découvrir cette réalité et me disaient : "Ah ! Je comprends pourquoi tu y passes tes week-ends, je comprends ton combat". (*Il sourit*). Jusque-là, j'obtenais des réponses du style : "Ouais, mais quand même, il faut bien faire quelque chose, on ne peut pas laisser faire", et je répondais : "Pourquoi *faire quelque chose* ? C'est un problème, les étrangers ?! On dirait qu'on parle d'une épidémie, de la grippe A..." À ces gens de bonne volonté, de convictions pas très éloignées des miennes, j'ai pu dire : "Allez voir le film", ça leur a ouvert les yeux.

Il y a quinze jours j'ai un client qui se fait arrêter, un type qui veut juste vivre avec sa femme, et à qui l'administration française dit : "Ben non, vous allez retourner dans votre pays et vous attendrez que la réglementation vous permette de revenir." Je leur démontre que ça signifie qu'il doit rester séparé de sa femme pendant dix-huit mois, et personne n'a trouvé ça choquant. J'ai dit à une de mes connaissances : "Toi, imagine

Affiche du réseau *No Pasaran* dans le cabinet de l'avocat Claude Coutaz.

9. Film de Philippe Lioret sorti en 2009.

que tu ne puisses pas vivre avec ton mari pendant dix-huit mois", et elle m'a répondu : "Moi ce n'est pas pareil, je suis française." Voilà. Je suis obligé de discuter de points qui me semblaient évidents. La scolarisation des enfants : ne faut-il pas la protéger, n'est-ce pas un investissement sur l'avenir ? N'est-ce pas mieux qu'ils soient bien intégrés, plutôt que de vivre dans la clandestinité, et qu'enfin on dise qu'ils sont délinquants !?

L'envie de défendre ce type de personnes remonte à mes années de militant à Amnesty international[10]. On se battait contre les violations des droits de l'homme et j'ai découvert que ce que je dénonçais à l'étranger se passait ici, en France. Alors, je me suis dit : il doit y avoir de quoi défendre les droits de l'homme en France. Là, quand vous gagnez, vous faites des heureux, vous êtes heureux avec eux – et inversement, vous perdez, vous êtes malheureux ensemble. C'est pour ça que ça ne me dérange pas d'aller courir à Lyon, Nîmes ou Marseille, même un dimanche, même un 25 décembre, pour sauver quelqu'un. C'est grisant. Surtout avec notre administration, qui fait quand même beaucoup de bêtises, on a une vraie marge de manœuvre, ce n'est pas une cause perdue (*sourire*).

Mon enthousiasme de jeune militant est toujours là, mais il a fallu s'organiser. Un cabinet d'avocats, ce n'est quand même pas une entreprise philanthropique, il faut gagner de l'argent, vivre comme il faut, avoir de la documentation à jour, du personnel pour assurer un service de qualité. **Ce n'est pas parce qu'on défend des pauvres qu'on doit offrir une défense de pauvres.** Pourquoi est-ce qu'ils n'auraient pas une défense de riches ? Une secrétaire qui leur réponde poliment, patiemment, qui les écoute ? Qui a le temps de les écouter et de faire son boulot comme il faut ? Pourquoi faudrait-il que ce soit un commis d'office, qui fait de l'abattage, qui essaie de gagner sa vie en traitant dix dossiers par audience plutôt qu'un seul, mais bien travaillé ? Voilà, l'objectif, c'était ça, et, finalement, il me semble qu'on y arrive. On a réfléchi, rationalisé, et je vois que même des gens qui perdent ont une vraie reconnaissance de notre travail. Je suis très clair dès le début : ils savent ce qu'il faut attendre de l'avocat, ce qu'il a fait, et même si on n'a pas obtenu ce qu'on voulait, on a fait de notre mieux. Ils ont vraiment l'impression d'être aidés même s'ils ont perdu. J'avais trop peur que les gens pensent qu'à partir du moment où ils prennent un avocat, ils achètent leur carte de séjour. Ce n'est pas moi qui prends la décision. J'ai vu des cabinets où on les maltraitait. Juste parce que ça ne rapporte rien et que c'est beaucoup de dérangement, on leur parle mal, ils se font jeter, ils ne peuvent pas avoir de rendez-vous… Mais un client n'a pas vocation à être maltraité par son avocat, bon sang ! Moi, je dis : "Je veux avoir moins de dossiers, mais je veux faire les choses comme il faut."

Si vous expliquez aux gens – étrangers, sans-papiers, délinquants, n'importe qui – comment vous fonctionnez, ce qu'ils peuvent espérer, ils

---

10. Organisation non gouvernementale qui défend les droits de l'homme.

ne sont pas bêtes, ils comprennent. Mais si vous restez dans la nébulosité de la fonction d'avocat, qui ne veut surtout pas dévoiler comment il va procéder… Beaucoup d'avocats n'arrivent pas à parler d'honoraires, de résultats, combien de temps dure une procédure, pourquoi leurs clients ne les auront pas tout le temps au bout du fil. Ils ne prennent pas le temps de faire ça, et l'insatisfaction vient de là. Vous êtes embarqué dans des frais, sans explication, vous ne savez pas quand ça va s'arrêter, c'est cyclique.

Je trouve toujours intéressant de comparer ces deux situations : imaginez, dans une famille d'étrangers, une femme qui a passé sa vie à être le bâton de vieillesse de ses parents restés au pays, malades, âgés, tandis que les frères et sœurs sont venus en France faire leur vie, se marier, avoir des enfants, une situation, vivre leurs rêves… Et elle, elle est restée derrière pour remplir son rôle. Un jour, les parents décèdent, et elle veut rejoindre le reste de sa famille en France : est-ce surprenant, choquant, normal ? Bien. Maintenant, oubliez qu'il s'agit d'étrangers et considérez une famille qui vit en France, elle à Lille, supposons, et le reste de sa famille en Savoie. Tout le monde trouvera normal qu'elle les rejoigne en Savoie. C'est même plutôt bien. C'est naturel de vouloir vivre auprès de siens, non ? Mais dans le cas des étrangers, ça devrait être différent ? J'interpelle souvent les magistrats : oublions que ce sont des étrangers et considérons que ce sont des humains. Dans notre propre famille, ne trouverait-on pas ça très normal ? Lorsque l'on compare les situations humaines, sans l'aspect juridique, on voit les choses différemment.

C'est quand le droit et la politique s'en mêlent que ça devient compliqué. En 1998, lorsque je débutais, les mêmes situations donnaient lieu à des décisions très différentes. Un homme se marie avec une femme sans papiers, il fait des demandes pour la faire venir légalement au titre du regroupement familial, refusées pour diverses raisons. Au bout d'un moment il en a marre, il la fait venir, ils ont des enfants, ils s'installent et les années passent. Ils mettent la France face à une situation de fait : c'est une famille, que fait-on maintenant ? Pendant des années, les tribunaux ont reconnu que reconduire à la frontière la mère de cette famille constituait une grave atteinte à l'article 8 sur la vie privée et familiale de la Convention européenne des droits de l'homme. Et puis Sarkozy arrive au pouvoir, et les tribunaux émettent l'idée qu'elle pourrait retourner dans son pays… Est-ce que les droits de l'homme ont changé ? Non. Ce sont les discours politiques et la perception des gens qui font que le regroupement familial apparaît comme un fléau. Alors peut-on penser que les décisions des juges sont rendues en fonction des discours politiques ? Dès que j'évoque cette idée, tout le monde me tombe dessus : "Vous ne pouvez pas dire ça, la justice est indépendante !" Ils sont sans doute indépendants, mais ils ne sont pas hermétiques ! Les discours les imprègnent comme ils imprègnent le reste de la société. Un discours politique a plus de force qu'un texte de loi, c'est évident. L'ensemble de la société a tendance à suivre ces discours. Résultat : ce qui était réservé au Front national devient politiquement correct dans la bouche de tous. Ce qu'a fait Sarkozy, à partir de 2005, c'est le programme du FN de 2002, celui contre lequel tout le monde est descendu dans la rue. La France entière a été choquée, mais trois ans plus tard c'est voté par les parlementaires et, aujourd'hui, tout le monde s'en fout. Rien n'a changé : c'est nous, on s'est habitués. Le Pen disait : les immigrés se marient avec nos femmes pour obtenir des papiers, c'est dangereux pour l'identité nationale. Quelques années après, on crée un ministère de l'Identité nationale, et la loi veut empêcher les mariages mixtes. Avant, c'était le discours de Le Pen, aujourd'hui c'est la loi française. On ne l'a pas vu faire, mais ça y est. On est vraiment en train de détruire l'image de la France à l'étranger. J'ai fait une partie de mes études en Angleterre : nous avons une image de racistes, c'est phénoménal. Et c'est comme ça dans beaucoup de pays européens.

Je me souviens d'une rencontre, avec le préfet, hyper houleuse car quelqu'un avait parlé de "rafle". Il était monté sur ses grands chevaux : "Je veux que vous présentiez des excuses, que vous retiriez ce terme !" Les mots font faire des bonds aux gens, mais on les utilise pour nommer une réalité, et c'est tout. Le mot "rafle" n'est pas spécifique à une certaine période de l'histoire. Faire des rafles de sans-papiers, même si ça ressemble à des choses qu'on préfère oublier, concrètement c'est la même organisation militaire, policière : vous rassemblez des gens en nombre et vous les déportez.

Quand on attend un client dans le local de garde à vue, on entend ce que disent les policiers : "Il va arrêter de brailler, l'autre bougnoule ?!" Une personne de la Cimade[11] disait : "Si les politiques veulent vraiment appliquer jusqu'au bout ce qu'ils annoncent, est-ce que les Français sont prêts à en accepter les conséquences ? Parce que si vous voulez vider la France de ses sans-papiers, ce n'est pas des avions qu'il faut utiliser, ce sont des trains. Tous les jours. Pendant plusieurs années. Les Français sont-ils prêts à faire cela ?"

On a pour habitude de dire qu'il est préférable d'avoir pour adversaire le préfet de l'Isère, sans doute grâce à la présence associative et militante à Grenoble. Ailleurs, on voit des préfets cul et chemise avec les policiers, qui envoient systématiquement la police au domicile. Ici, en cas d'arrestation de sans-papiers à la sortie des écoles, ça fait du bruit. La mobilisation des associations et des collectifs est très importante, parce que généralement les situations sont déjà débroussaillées quand les gens arrivent, et notre argumentaire juridique s'appuie sur leur action : lorsqu'on dit que les étrangers sont intégrés dans leur ville, leur école, c'est notre parole, mais si les gens sont dans la rue pour les soutenir, ça devient une réalité concrète.

« Quand j'ai choisi de faire du droit des personnes, je me suis dit : il y a de quoi défendre les droits de l'homme en France. »
Maître Coutaz

---

11. Comité inter-mouvements auprès des évacués (service œcuménique d'entraide).

Sur l'aide apportée aux sans-papiers, l'expérience montre qu'il y a eu des cas de poursuites. Ainsi, la femme d'un étranger a été entendue à Lyon parce qu'elle avait hébergé cet homme, qui se trouvait être… son mari. Juridiquement on ne peut pas poursuivre des gens qui aident des membres de leur propre famille, mais le procureur a demandé aux policiers d'entendre cette dame : c'est de l'intimidation. Concernant le "délit de solidarité", initialement la loi devait mentionner que cela concernait seulement les gens qui aident avec une contrepartie financière. Mais cette partie du texte n'a pas été incluse sous prétexte que c'était évident… Du coup, certains préfets ont écrit au procureur de la République et aux policiers pour leur rappeler que les parrainages républicains et l'action des associations, c'est de l'aide au séjour, et qu'il faudrait s'y intéresser… C'est l'article L622-1 du code des étrangers :

> « Toute personne qui aura, par aide directe ou indirecte, facilité ou tenté de faciliter l'entrée, la circulation ou le séjour irréguliers d'un étranger en France sera punie d'un emprisonnement de cinq ans et d'une amende de 30 000 euros. »

Code des étrangers, contrôles et sanctions,
chap. II : Aide à l'entrée et au séjour irréguliers, art. L622-1

Le Code des étrangers trône parmi d'autres dans le bureau de maître Coutaz : « Souvent les avocats utilisent le code rouge, qui est plus favorable aux étrangers, et les magistrats, le code bleu, qui l'est beaucoup moins… »

- 2008 — Code pénal — LexisNexis Litec
- 2008 — Code de l'entrée et du séjour des étrangers et du droit d'asile — LexisNexis Litec
- 2009 — Code de l'entrée et du séjour des étrangers et du droit d'asile — LexisNexis Litec
- 20.. — Code de…

« POLITIQUE DU CHIFFRE »

À l'opposé de maître Coutaz qui défend les sans-papiers, Roland Gatti était chargé de les arrêter et de les expulser. Mais son métier de policier finit par lui poser problème puisqu'il s'oppose à sa hiérarchie avant d'exprimer son malaise dans les médias.

« J'ai travaillé pendant six ans au service de l'immigration clandestine de la police aux frontières (Paf) de Metz. Je faisais des interpellations, des placements en centre de rétention, des reconduites à l'étranger, tout ce qui concerne l'éloignement des étrangers en situation irrégulière. Et même si je ne faisais qu'appliquer la loi, je trouvais certaines dispositions aberrantes. En plus, comme j'ai fait une longue carrière de syndicaliste dans la police, le syndicaliste prenait parfois le dessus et je pensais : "Bon, maintenant il faut arrêter !"

Nous sommes dans un pays normal, encore faut-il que ces gens soient considérés comme des gens normaux, qu'on ne les parque pas n'importe comment. On dépensait des tonnes d'argent pour ramener les gens, un fric fou, et trois semaines après ils étaient de retour. Mais ces gens-là ont quitté leur pays pour des raisons de vie ou de mort, ils voulaient un meilleur avenir pour leurs enfants, on ne peut pas y rester insensibles. Quand ils allaient au tribunal, je regardais leur dossier, je les prévenais qu'il n'y avait rien dedans, que s'ils n'avaient pas des arguments concrets pour expliquer qu'ils étaient en danger de mort dans leur pays, le juge allait les renvoyer chez eux.

Une fois, j'ai présenté un ancien policier algérien au tribunal administratif de Strasbourg. J'ai longuement discuté avec lui, on a même sympathisé. Il avait une photo de lui en gendarme, je lui ai conseillé de la montrer au juge. Mais le juge n'a pas réagi, et on l'a ramené à Marseille. On s'est arrêtés pour qu'il fume une cigarette et il a commencé à pleurer en disant : "Je vais repartir, ils vont me tuer ! En plus je suis mal rasé." Je lui ai filé quinze euros, il s'est acheté un rasoir, je l'ai rassuré : il pouvait se raser, il allait retrouver sa femme et ses enfants, tout irait bien. On l'a ramené, il n'y a pas eu de problèmes, il a pris le bateau.

Deux mois plus tard, mon directeur descend et demande qui a ramené ce monsieur. Je dis que c'est moi ; il m'explique que la hiérarchie réclame des explications, parce qu'une fois là-bas, il a été tué. Je me suis pris ça dans la gueule, j'avais amené un mec à la mort. Ça ne laisse pas indifférent. Après, peut-être que ce mec-là il avait fait des choses pas claires, je ne sais pas, mais c'est une chose qui m'a fait réfléchir, j'ai essayé d'être plus attentif… Et je peux en citer plein, des histoires comme ça, j'en ai un wagon…

Cet épisode a été le déclencheur pour moi. Je suis moi-même fils d'immigré, mon père venait d'Italie. L'immigration existe depuis des siècles ;

Sur les grilles du CRA, le Centre de rétention administrative de Lyon Saint-Exupéry, les ronces se mêlent aux barbelés.

dans ma région, dans l'Est, on est tous des enfants d'immigrés, pratiquement. Alors, on nous rabâche souvent les propos de Rocard : "La France ne peut pas accueillir toute la misère du monde…", mais on oublie le reste de la citation : "… mais elle doit en prendre fidèlement sa part[12]."

Après, je suis devenu plus rigoureux. Ça emmerdait ma hiérarchie, ils râlaient : "Écoute Roland, tu nous fais chier !" On y passait plus de temps, parce que je voulais que les gens prennent une douche, qu'ils aient un contact plus long avec leur famille, qu'ils puissent prendre de l'argent ou qu'ils laissent une adresse. J'étais devenu beaucoup plus humain.

Ce qui m'a énervé, ensuite, c'est une circulaire de Guéant[13] où il nous demande de "doubler le chiffre". La fameuse politique du chiffre et du résultat dans la police… Devant ça, même les filles à la préfecture ont trouvé qu'ils étaient fous. On avait un des meilleurs chiffres d'éloignement de France, et ils nous demandaient de le doubler ? N'importe quoi. Alors j'en ai parlé à un copain journaliste à *Libé*[14], que j'avais connu au syndicat, et tout est parti de là. À cause de ça, on m'a cherché des poux, on m'a accusé de dépasser mon obligation de réserve. À l'époque, j'ai répondu au préfet : "Je suis désolé, dans le même cerveau, il y a le syndicaliste, le flic et l'homme, et il arrive un moment où il y a des confusions, et puis ce n'est pas des confusions, j'arrête, voilà ! Ça va trop loin."

Ils m'ont mis au placard pendant deux-trois mois. Mon médecin m'a arrêté pendant deux mois, je suis resté à la maison, et puis le médecin de l'administration a voulu que je reprenne le travail. J'ai accepté à la seule condition que je reprenne le même poste, les mêmes missions dans les mêmes conditions. S'ils m'avaient refoutu au placard, je serais retombé malade. Et j'ai repris. C'était mon boulot. Je ne l'ai jamais renié. Je le faisais le mieux possible, en respectant les choses. Et j'ai tenu bon jusqu'à la retraite.

Je continuais à emmerder ma hiérarchie, je leur disais : "C'est comme ça, sinon j'écris !" À chaque fois qu'il y avait un problème, j'écrivais, ça foutait le bordel. Moi je voulais qu'on se comporte comme des humains. Des policiers, mais avec un peu d'humanité.

Beaucoup de mes collègues étaient solidaires avec moi. Ils m'avouaient que je criais tout haut ce qu'ils pensaient tout bas, mais eux, ils étaient aux ordres. Quand on a commencé à faire du chiffre, la plupart partageaient mon malaise. Plusieurs sont partis à la retraite parce qu'ils en ont ras-le-bol, ils disent qu'il n'y a plus d'enthousiasme. Tous les gens pour qui on n'arrive plus à avoir de laissez-passer pour les reconduire dans leur pays, on les place, on les ramène dans un foyer, on les réinterpelle, et ça repart… Faire du chiffre avec des PV, ce n'est déjà pas normal, mais faire du chiffre avec des hommes… »

Sur cette vue aérienne de l'aéroport de Lyon-Saint-Exupéry, le centre de rétention (cerclé de rouge) où a été retenu Tahar Ayari se trouve juste à quelques centaines de mètres des portes d'embarquement et des avions.

---

12. Citation de 1989, reprise dans *Le Monde* du 24 août 1996.
13. Ministre de l'Intérieur à partir de février 2011.
14. *Libération*, journal français qui paraît quotidiennement.

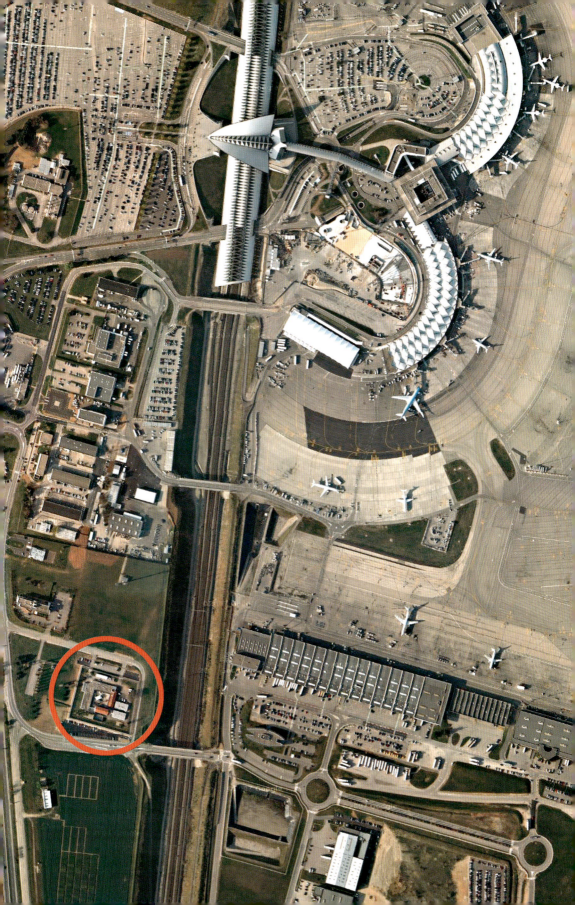

RÉSISTER

« J'AI VÉCU CERTAINES SITUATIONS, J'AI VU CERTAINES IMAGES, ON Y METTRAIT DES COULEURS SÉPIA, ON SE CROIRAIT EN 1942. LES AIDER, AUJOURD'HUI, CE N'EST PLUS DE LA VIGILANCE, C'EST DE LA RÉSISTANCE. »

BÉATRICE BONACCHI, RESF 38

Claire a parrainé Hyppolite lors d'une cérémonie de parrainage républicain semblable à celle-ci, dans la salle des fêtes de La Terrasse, en Isère.

PARRAINAGE RÉPUBLICAIN

Pour tenter de résister aux arrestations arbitraires et aux expulsions, le parrainage républicain propose à des citoyens français de s'engager personnellement auprès des demandeurs d'asile lors d'une cérémonie publique. Afin d'en savoir plus, je rencontre Claire, enseignante à Grenoble et militante du RESF, et Hyppolite, demandeur d'asile congolais, dont elle est la marraine républicaine. Elle nous sert le thé en plaisantant sur leur parrainage :

« On s'est rencontrés un peu par hasard. En tant qu'enseignante, j'étais confrontée au problème des sans-papiers depuis 2006 ; une maman était venue à l'école me tirer par la manche : "Tu peux t'occuper de moi ?", elle voulait une lettre, elle s'imaginait qu'il suffisait d'un courrier… Je l'avais fait, un peu à reculons. Je sentais que si j'y mettais le doigt, j'avais de grandes chances d'y être engloutie… Et puis je me suis renseignée, j'ai vu que ce n'était pas si difficile, j'ai dit "On y va". Le collectif de l'école est né comme ça. L'année suivante, on a aidé un père d'élève qui avait une OQTF, et quand il a eu ses papiers il a organisé un grand repas pour fêter ça, et je me suis retrouvée en face d'Hyppolite. Quelqu'un lui a dit que la première chose à faire était de trouver un parrain ou une marraine. Moi j'étais en face, je devais avoir déjà un petit coup dans le nez, je serais bien restée tranquille dans mon coin, à vrai dire ! »

Ils rient ensemble. Hyppolite est beaucoup plus réservé que Claire. Très posé, il s'habille avec élégance et s'exprime avec distinction :

« Tu m'as parrainé à la mairie de La Terrasse trois semaines plus tard. C'est l'Apardap, l'Association de parrainage républicain des demandeurs d'asile et de protection, qui fait ce travail de réseau pour mobiliser des élus. Cette carte qu'ils nous ont donnée, nous étions très fiers de la recevoir. Même si c'est largement symbolique, même si ça n'a aucune valeur officielle, c'est quand même la preuve d'un engagement réciproque. Cette carte a beaucoup d'importance pour moi, c'est le signe que je ne suis pas tout seul.

Je viens de la République démocratique du Congo. Je suis venu en France pour demander asile car j'ai des problèmes avec le régime de mon pays. J'ai été arrêté là-bas, je suis devenu un clandestin, je me cachais car la police me traquait. Mon père était politicien, à l'université j'ai participé à des manifestations, puis j'ai été arrêté en 2007. Il y avait la guerre dans la ville de Kinshasa, des affrontements vraiment terribles, beaucoup de jeunes soutenaient l'opposition, et comme je parlais un peu haut dans la rue, ils ont dit que je faisais partie des meneurs.

J'étais dans un cachot du régime, échappant au contrôle sur le traitement des prisonniers. En tant que détenu politique, ils ne me gardaient pas dans une prison officielle, mais dans une "maison résidentielle". J'y suis resté une semaine et demie, mais j'étais hypertendu et j'ai fait des crises. Ils m'ont emmené, encadré par des militaires, dans un pavillon de l'hôpital réservé aux prisonniers. C'est là que mon frère est venu me chercher. Il a fait en sorte que je m'en aille sans me faire remarquer : on a échangé nos vêtements, je suis sorti seul comme si c'était moi qui venais rendre visite, et lui s'est débrouillé pour sortir de son côté.

Je suis rentré à la maison, mais ils m'ont dit : "Tu ne peux pas rester là, la police va venir." J'ai alors quitté Kinshasa six mois. Je voulais revenir ensuite, mais la police a arrêté mon jeune frère en le prenant pour moi, alors ma famille a fait des démarches pour que je quitte le pays. J'ai utilisé le passeport d'un ami, j'ai transité par Brazzaville jusqu'à Grenoble. En arrivant ici, je lui ai rendu son passeport et je n'avais plus du tout de papiers. Mais à Kinshasa on connaît Grenoble, le président de la communauté congolaise, ici, est un ancien collègue d'école primaire, il se souvenait de moi, il m'a aidé. Mon premier papier en France a été un récépissé de demande d'asile. Voici mon récépissé actuel, il est valable trois mois, ceci est une copie, je n'aime pas me promener avec l'original. Ici, j'ai retrouvé aussi un cousin et deux amis d'enfance. Ça m'a donné du courage pour aller à la préfecture, autrement je n'osais pas, j'avais peur, je me disais : "Si j'y entre, je ne vais plus en sortir." »

Claire intervient, toujours avec le même ton ironique : « Tu avais peur, mais en même temps, tu avais une grande confiance dans les institutions françaises. Que tu gardes un peu encore, malgré tout, hein ? » Hyppolite rit avec elle, mais sa réponse est sérieuse : « Mais je sais ce que je fais, et je suis logique ! Je n'ai rien fait de mal, j'ai du respect envers la nation, en France aussi. » Elle réplique en se tournant vers moi : « Je m'étonne souvent de cette confiance d'Hyppo dans l'État français, parce que c'est comme si j'avais maintenant moins confiance en l'État que lui. Pourtant il y a eu cette histoire avec les flics des transports… Un jour, il est venu ici en train pour une réunion à l'Apardap. Il était fatigué, il a enlevé ses chaussures et a allongé ses jambes sur la banquette. Le connaissant, très maniaque, très respectueux des choses, je sais qu'il s'est déchaussé. Les flics sont passés dans le couloir et lui ont dit d'enlever ses pieds : il l'a fait et a remis ses chaussures. Mais ils sont allés chercher le contrôleur qui l'a verbalisé sous le prétexte qu'il avait souillé la banquette. J'ai décidé de ne pas laisser passer ça : mon rôle de marraine était de faire tomber cette contravention. Le contrôleur n'avait pas constaté l'infraction, c'est les flics qui le lui ont dit ! J'ai rapporté les faits, en ajoutant que moi, dans le train, je vois tous les jours des gens qui mettent leurs pieds sur les banquettes et qui ne sont jamais verbalisés. En général le contrôleur leur dit un mot et ça ne va pas plus loin. J'ai dénoncé un délit de sale gueule. »

Hyppolite se souvient : « Ils ont ouvert ma mallette, je leur ai remis ma veste, ils ont fouillé partout, et quand ils ont vu mes feuilles à rouler du tabac, ils m'ont dit : "Monsieur, dis-nous si tu prends des stupéfiants."

Ils m'ont contrôlé à fond, et comme ils n'ont rien trouvé, ils sont partis chercher le contrôleur. Ils n'étaient pas vraiment agressifs, mais ils étaient durs, disons. Ils m'ont demandé mes papiers. J'ai remis une attestation tenant lieu de pièce d'identité, en attendant de renouveler mon récépissé. Ils m'ont dit qu'ils ne prenaient pas ça en considération. Je leur ai demandé : "J'ai une réunion dans trente minutes, je n'aurai pas le temps, pouvez-vous me convoquer plus tard ?", mais non, ça ne marche pas comme ça. Ils ont appelé le commissariat central de Grenoble, ils sont venus me chercher en voiture à la gare et ils m'ont emmené là-bas. J'ai essayé d'appeler la Maison des associations, mais ils m'ont dit : "Monsieur, touche pas ton téléphone !" J'ai reçu une contravention de 85 euros. »

Cette anecdote rend Claire plus grave et plus sérieuse sur le parrainage :

« Pour moi, parrainer Hyppolite, c'est une entraide, une façon de retrouver un espace de reconnaissance, de recréer la famille que tu as perdue, peut-être, hein ? La cérémonie, c'est assez émouvant, quand même. Il y a un protocole, on est appelé les uns après les autres, on signe un registre, les cartes, devant les élus, l'assistance. Ça a souvent lieu dans la salle des actes, ou le salon des mariages. C'est sûr que quelqu'un sans aucun contact en France est plus facilement "expulsable" que quelqu'un qui a le nom d'un maire ou d'un conseiller municipal sur sa carte. »

Hyppolite me montre une photo de ses enfants : « Toute ma famille est restée au Congo. Mes trois enfants, je les appelle régulièrement, ils me rejoindront dès que possible. Je voudrais qu'ils grandissent ici avec moi. Au Congo, j'étais comédien au théâtre national. Avec la France, on fait partie de la même famille, d'une communauté élargie de francophones. Je me retrouve ici comme chez moi grâce à cette culture linguistique que nous avons en commun, à ces auteurs français que je jouais au théâtre. »

double page suivante :
Hyppolite est désormais le filleul républicain de Claire ; sans être un document officiel, leur carte de parrainage en atteste publiquement.

DEMANDEURS D'ASILE ISERE

MARRAINE ou PARRAIN

Nom	PATRAS
Prénoms	claire
Tel.	06 98 12 36 63
	04 76 33 86 52
Signatures	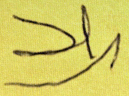

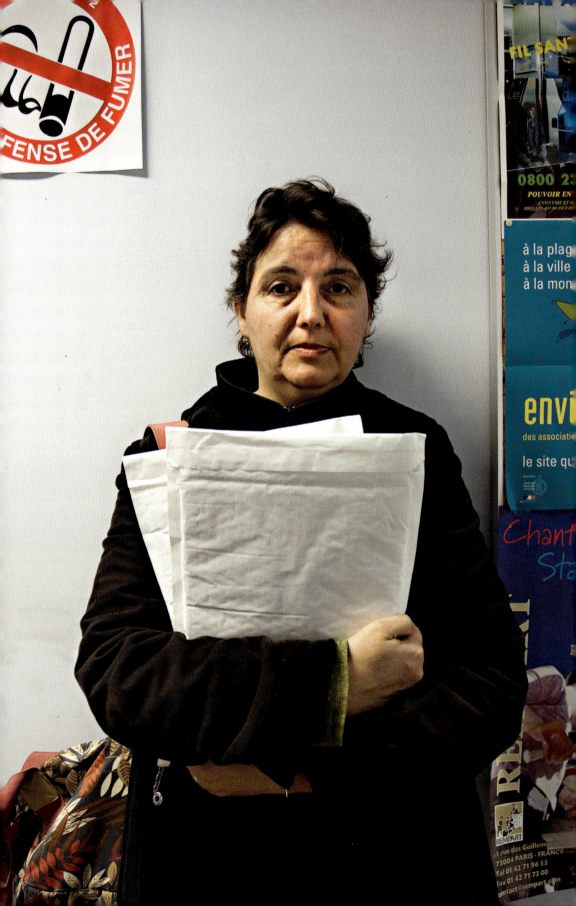

« LE RÉSEAU ÉDUCATION SANS FRONTIÈRES NE MEURT JAMAIS »

De l'avis de tous les gens qui travaillent avec elle, Béatrice Bonacchi est l'un des piliers du Réseau éducation sans frontières de l'Isère. Nous nous sommes croisés plusieurs fois déjà (elle était notamment présente à la rentrée scolaire de Mohammed Ayari) et son point de vue m'intéresse. Pour l'interroger, je retourne à la Maison des associations de Grenoble, où le RESF 38[15] utilise des bureaux voisins de l'Ada.

« Quand j'ai commencé, je suis partie la fleur au fusil, je me disais : le RESF aura disparu dans un an, quand ils seront régularisés ! J'étais à la FCPE[16], cofondatrice du réseau avec plusieurs associations, pas mal de syndicats enseignants et certains partis politiques. Mais le réseau reste officiellement apolitique. Personnellement, c'est un terme qui m'horripile, car dès que vous vous engagez dans un mouvement lié à la vie des citoyens, vous faites de la politique. Disons qu'on n'est pas soumis à un parti politique. Je précise ça par rapport à des parents d'élèves qui nous ont dit : "Je veux bien agir au sein d'un réseau, mais je ne veux pas faire de politique." Quand on leur a expliqué qu'il faudrait quand même affronter la préfecture, ils ont hésité. Pour eux, on était derrière la LCR[17], les communistes… Certains, je trouve qu'ils cherchent à se payer une bonne conscience : leur gamin est dans la même classe que celui qui est expulsé et ils ne savent pas comment lui expliquer ce qui se passe. Au total, les raisons de s'engager sont très diverses.

Le RESF, c'est très simple, c'est un réseau ! Ce sont les collectifs qui font le réseau, c'est à la fois sa force et sa faiblesse. Par rapport à une association, c'est transversal. Il n'y a pas de chef, pas de bureau, pas de président, pas de trésorier, pas de secrétaire… À l'origine, ça a débuté comme ça : un enfant, dans une école, par la loi de la République française, a le droit d'être scolarisé, protégé, et de là, sa famille aussi. Précisons qu'un enfant n'est jamais en situation irrégulière, ce sont ses parents qui le sont. Mais un collectif se crée souvent autour d'un enfant : d'abord les instits, les profs, puis les parents d'élèves, puis les cercles s'agrandissent et, aujourd'hui, on trouve aussi beaucoup de citoyens, des gens du quartier… Mon premier collectif, c'était pour une jeune femme avec trois enfants : je revois une quinzaine de parents occupés à collecter des témoignages, des dessins, alors que d'habitude, pour mobiliser les gens, ce n'est pas évident ! Un instituteur s'était posé la question : "Comment réagir si des flics entrent dans la classe ?" Et le directeur a répondu : "Ils peuvent toujours courir, même s'ils rentrent,

« Un enfant, dans une école, par la loi de la République française, a le droit d'être scolarisé, protégé, et de là, sa famille aussi. »
Béatrice Bonacchi, RESF 38

---

15. Réseau éducation sans frontières du département de l'Isère.
16. Fédération des conseils de parents d'élèves (des écoles publiques).
17. Ligue communiste révolutionnaire.

les gamins, ils ne les auront pas." On a gagné du temps, on les a fait manger à la cantine, on a prévu un comité d'accueil à 16 heures 30 avec les instituteurs, les parents, les membres du réseau, la presse…

Nous n'avons pas de statut juridique et c'est très important. Par exemple, dans notre partenariat avec le conseil général sur l'hébergement, ça nous laisse les coudées franches pour pousser des gueulantes quand il le faut, pour leur dire : "Vous êtes un conseil général de gauche, affichez-le !" Quand on réclame quelque chose, on y va à fond, on n'est pas comme des associations qui sont parfois coincées, car elles reçoivent des subventions du conseil général. Ce qui joue aussi, c'est qu'on tourne tout le temps, on se débrouille pour envoyer à chaque fois quelqu'un de différent, et ça, vous ne pouvez pas imaginer la force que ça nous apporte. Ça montre qu'il y a toujours du monde. Du côté des institutions, ils prennent l'habitude de voir toujours les mêmes têtes, il y a une espèce d'usure… Nous, on utilise toutes les forces vives possibles, on mutualise. Et puis, tout le monde a la parole, chacun est membre et peut s'exprimer en tant que tel, ça donne aussi une grande liberté. C'est l'idée du réseau et ça reste encore assez neuf, je trouve. Un jour, un collectif est très actif, puis il se met en veille, un autre prend le relais, et le réseau ne meurt jamais.

Mais aujourd'hui on a tendance à se pérenniser, malheureusement. On ne peut plus fonctionner comme avant : les objectifs ont changé, le public aussi, notre système de protection doit se structurer, ça devient très compliqué. C'est inquiétant car ça signifie qu'on est en train de se professionnaliser, et aussi qu'on n'arrive plus à faire valoir les droits des gens. *Les sans-papiers ont changé de statut. Ceux qu'on aidait, quand on a fondé le réseau, avaient des chances d'obtenir leurs papiers. Aujourd'hui, on a affaire à des familles déboutées et sans espoir, comme les Ayari.* Tous ces gens ont des OQTF, et, à part les protéger grâce à leurs enfants scolarisés, on se retrouve dans une logique d'attente : attendre un an, en espérant qu'ils ne se fassent pas choper, et recommencer, parce qu'on est dans des procédures juridiques qui n'ont plus de sens. On n'est même plus dans l'objectif d'origine, qui était de les régulariser, on est dans une impasse. La famille Ayari se trouve dans un vide juridique comme les autres. Si nous n'étions pas là, ça fait belle lurette qu'ils seraient repartis. On a eu cinq tentatives d'expulsion juste avant la rentrée scolaire, dont celle des Ayari, et pour l'instant la préfecture s'est arrêtée là.

Ils se rattrapent sur les gens isolés, les couples sans enfants ou avec des enfants non scolarisés. C'est le cas d'un couple de Géorgiens qui est arrivé récemment en transitant par la Pologne. Là-bas, on les a rackettés du peu qui leur restait, lui s'est fait tabasser, elle est enceinte d'un viol, et ils ont un petit dans un état hallucinant, on ne sait pas encore bien ce qu'il a vécu… Du coup c'est tout juste s'ils acceptent de nous rencontrer, je ne sais pas ce qu'ils vont devenir.

Comme c'est souvent moi qui ai le portable d'urgence du réseau, je prends beaucoup d'appels venus de partout, pour tous les types de situation, et je vois passer toutes ces histoires… Je me souviens d'une famille de Tchétchènes qui sont arrivés aussi par la Pologne. On a tenté de les faire passer hors procédure prioritaire, ça n'a pas marché, résultat : il a fallu les faire disparaître pendant six mois, le temps de refaire une demande. Deux adultes plus trois jeunes, quand même. Bon, on l'a fait, tout s'est bien passé… jusqu'au dernier jour : l'un des jeunes s'est fait attraper et a été embarqué en Pologne ! On a fait fonctionner le réseau, on l'a repéré, il était en centre de rétention, il ne s'en est pas trop mal sorti et il a fini par revenir. Du coup, la famille entière devait attendre encore six mois ! Je sentais qu'ils n'en pouvaient plus. Je suis toujours fascinée par leurs capacités à vivre dans les pires conditions, parce qu'à certains moments ils vivent comme des rats. Alors, un jour le père a pété les câbles et il a dit : "Je n'attends plus de revenir à Grenoble !" Il est allé à la préfecture de Paris, puisque c'est là qu'ils étaient, et on leur a donné un récépissé ! Nous, on est tombés des nues, on s'est dit : "Voilà où on en est ici, à Grenoble."

Et quand on regarde dans les autres départements, on s'aperçoit que les préfectures font un peu ce qu'elles veulent. Nous sommes dans un État de droit écrit : pourquoi la préfecture de l'Isère ne fait pas comme toutes les autres ? Ils essaient de nous déstabiliser, ils laissent pourrir des dossiers pour voir si ça passe, pour nous signifier : vous voyez, vous avez beau gueuler, les plus forts c'est nous. Et ça installe la peur. Après, comment répondre à ce père de famille qui me dit un jour : "Béatrice, tu sais, maintenant il faut faire profil bas, on se calme !" Comment lui répondre ? Il a raison, ça ne marche plus d'affirmer que plus on fait de bruit plus on est protégé. Le personnel du bureau des étrangers a changé de façon dramatique. Les premières personnes avec qui j'ai travaillé, on pouvait communiquer, elles étaient compétentes. Mais quand vous finissez par être plus expert que la personne qui est au guichet, vous vous posez des questions. Il y a une ambiance de suspicion continuelle. On sait qu'ils font un travail de sape et de désinformation, ils disent aux gens qui arrivent : "Surtout ne soyez pas avec le RESF ou une autre association parce qu'ils nous empêchent de travailler." Moi, j'avoue que je suis fatiguée de dire à des demandeurs d'asile : "On va devoir vous protéger du système, prenez un avocat…" Comme dit Claude Coutaz, en Isère, on a mangé notre pain blanc.

À cause du portable d'urgence je suis devenue une grande spécialiste de l'accompagnement par téléphone. C'est comme ça que j'ai vécu en direct l'expulsion d'un couple russe. La police les avait attrapés.

Alors qu'on négociait pour eux, la préfecture les a expulsés dans notre dos, par la petite porte. Ils ont réussi à m'appeler, ils étaient à l'aéroport, moi je les croyais toujours à Grenoble ! Et puis, ça a coupé. Et là, quand vous n'entendez plus rien à l'autre bout du fil, vous comprenez qu'ils sont dans l'avion… Ça je l'ai mal vécu, je ne l'ai toujours pas digéré. Je suis historienne de formation. Ce genre de situation, devant la préfecture, on y mettrait des couleurs sépia, on se croirait en 1942. Les aider, aujourd'hui, ce n'est plus de la vigilance, c'est de la résistance. Résister à un système qui marche sur la tête. C'était une sensation étrange, j'avais une espèce de colère qui montait… Après ça, j'ai dit aux collègues : "Je ne veux plus mettre les pieds à la préfecture, sinon je vais faire une connerie…" »

Dans les locaux du RESF à la maison des associations, Béatrice Bonacchi témoigne : « On doit résister à un système qui marche sur la tête. »

L'EXPULSION

NOM FÉM. ■ ACTION DE CHASSER QUELQU'UN D'UN PAYS ; EXIL, BANNISSEMENT : *EXPULSION DE TERRORISTES.* ■ DROIT : MESURE ADMINISTRATIVE OBLIGEANT UN ÉTRANGER, DONT LA PRÉSENCE PEUT CONSTITUER UNE MENACE POUR L'ORDRE PUBLIC, À QUITTER LE TERRITOIRE FRANÇAIS.

DICTIONNAIRE LAROUSSE

LA TRAQUE

Traque : *Familier*. Action de poursuivre, de traquer quelqu'un. ■ Traquer v. tr. ■ Poursuivre sans relâche quelqu'un qui est en fuite pour l'arrêter : *La police traque la bande.* ■ Pratiquer une battue de manière à pousser le gibier vers la ou les lignes de tir. ■ *Littéraire*. Pourchasser quelque chose pour le supprimer : *Traquer l'injustice.*

Dictionnaire Larousse

La « chasse aux Ayari » débute en plein cœur de l'été, le 14 août, avec ce SMS :

```
Alerte 2 policiers en civil sont venus ce matin
frapper à la porte et ont demandé les ayari
les petits cousins leur ont dit kils n'étaient
pas là ils ont dit kils repasseraient
```

Les enfants étaient seuls. Les policiers les ont questionnés, son cousin a tenté de le stopper, mais Mohammed a répondu : « Je suis Mohammed Ayari ». Au retour de ses parents, il a éclaté en sanglots, il se sentait coupable d'avoir donné son nom… « Donner » son nom comme pour se dénoncer, comme s'il était devenu un objet dangereux, une arme qu'on doit lui confisquer. Ce nom qui les désigne finit par les accuser, les pourchasser, alors que ce n'est que leur propre nom, leur identité. Sylvie, militante du RESF, tente de le convaincre qu'il doit rester « fier d'être un Ayari ».

Un membre de leur comité de soutien commente : « S'ils cherchent bien, ils les suivront et les trouveront où qu'ils soient. Ils essaient maintenant, car ils savent que beaucoup de gens qui les soutiennent sont en vacances. Après la rentrée, ce sera plus difficile. Il faut tenir quinze jours ! D'abord ils viennent vérifier qui est là, en général à midi ou le soir, au moment des repas. Les arrestations, c'est le matin très tôt, et le vendredi de préférence. Comme ça, ils passent la nuit en garde à vue, ils sont au centre de rétention le samedi et dans l'avion le dimanche, quand les permanences de la Cimade* sont fermées et les militants en week-end. Leur visite un vendredi 14 août, c'est tout sauf un hasard. »

Le lendemain, nouveau message : ils sont revenus, huit policiers en uniforme avec un mandat, ils ont fouillé la maison. La police va les chercher ailleurs, ils doivent se cacher. Ils vont passer ainsi quinze jours, terrés, en attendant la rentrée scolaire. Quinze jours d'enfermement forcé pour les enfants alors qu'il fait un soleil caniculaire dehors, quinze jours d'angoisse pour les parents alors qu'ils devraient tranquillement préparer le Ramadan qui débute à ce moment-là.

La cuisine embaume les parfums du repas du soir, mais la table est recouverte de papiers : lettres de soutien, articles de presse, pétitions… Un élu qui a appelé la préfecture pour protester nous prévient :

« Ne parlez pas de rafle ou de traque, ce sont des mots qui énervent la préfecture. » Je repense aux termes « mesure d'éloignement volontaire », « reconduite à la frontière » ou « atteinte disproportionnée à la vie privée et familiale ». Moi, ce sont ces mots-là qui m'énervent. Tahar commente avec un sourire : « Bien sûr, on va se battre. Il ne faut pas se taire. Mais ça va encore énerver le préfet. »

Ils discutent de la date et l'heure exactes du début du Ramadan, qui varient selon les pays : « Les Arabes sont tombés d'accord sur une seule chose : ne jamais être d'accord ! » Sylvie doit nous rejoindre, mais elle est en retard. Nous sommes inquiets, la moindre anomalie devient suspecte. Elle arrive enfin, avec une mauvaise nouvelle : la police les cherche dans leur quartier. Sentiment étrange que celui de précéder la police, suivre sa progression à distance, grâce à tout un réseau de gens inconnus.

Petit cours de géographie sur la Tunisie avec l'épouse de Tahar, Mahjouba, en regardant une carte sur l'atlas. « Il a une jolie forme mon pays, non ? » L'orage qui couvait éclate sur les montagnes en face, le tonnerre résonne à travers la fenêtre ouverte sur la pluie battante qui rafraîchit un peu l'atmosphère. « J'ai un ami qui a un magasin de fruits et légumes, ça marche bien. Si on travaille dur, le commerce, ça peut rapporter suffisamment pour nourrir toute la famille. Mais pour ça, il faut avoir le droit de travailler. Ils disent que nous profitons de la Sécurité sociale, que nous volons l'argent des Français. L'aide médicale arrive à expiration aujourd'hui. Normalement, ils renouvellent automatiquement, mais là ils ne m'ont rien envoyé. J'ai peur d'y aller pour demander. »

« Mais où est *mon* cafetière ? » Sans son café, Tahar est perdu. Son premier geste pour rompre le jeûne chaque soir, c'est de s'asseoir sur le balcon, se servir un café, allumer une cigarette… La tête lui tourne quelques instants, puis ça va mieux, et après seulement, il peut manger. « Le café italien c'est vraiment le meilleur que je connaisse. Je me souviens, quand j'ai débarqué sur le port de Gênes en 1988, la première chose que j'ai faite, je me suis assis au comptoir d'un bar et j'ai commandé un café. Ils m'ont servi un espresso. J'ai goûté une gorgée, et le temps que je me tourne pour allumer ma cigarette, ils avaient repris la tasse et elle était déjà à la vaisselle ! Là-bas, le café c'est 1, 2, hop, c'est fini ! Il est bon, mais si tu ne le bois pas tout de suite, fini ! »

« *Hamdoulah* – grâce à Dieu –, on a trouvé l'hébergement, mais ce n'est pas une vie. On ne demande pas un miracle, juste vivre comme les autres, une vie normale. Nous, on peut supporter, mais les enfants… C'est pour eux qu'on fait ça, parce qu'ils ne peuvent pas vivre en Tunisie : c'est là-bas qu'ils sont étrangers. Et on ne veut pas qu'ils passent le jour de la rentrée dans un centre de rétention. »

Dans la cuisine des Ayari, le calendrier précise les heures des différentes prières et fêtes religieuses.

pages suivantes :
Pour éviter d'éveiller les soupçons, aucun nom n'est inscrit sur la boîte aux lettres des Ayari, seule une croix discrète la repère.

Durant la traque, Mohammed trompe son ennui en regardant la télévision.

MOSQUÉE BILAL DE FONTAINE
A.C.M.F.
مسجد بلال

64, AVENUE DU VERCORS - 38600 FONTAINE

Horaires des prières de Fontaine 2009

Novembre	Ichaa	Maghreb	Asr	Dohr	Chourouk	Fajr	
1 Dimanche	18:35	17:28	15:00	12:26	7:16	6:05	13 الأحد
2 Lundi	18:34	17:26	14:58	12:26	7:17	6:07	14 الاثنين
3 Mardi	18:33	17:25	14:57	12:26	7:19	6:08	15 الثلاثاء
4 Mercredi	18:32	17:24	14:56	12:26	7:20	6:09	16 الأربعاء
5 Jeudi	18:30	17:22	14:55	12:26	7:21	6:10	17 الخميس
6 Vendredi	18:29	17:21	14:54	12:26	7:23	6:12	18 الجمعة
7 Samedi	18:28	17:20	14:53	12:26	7:24	6:13	19 السبت
8 Dimanche	18:27	17:18	14:52	12:26	7:26	6:14	20 الأحد
9 Lundi	18:26	17:17	14:51	12:26	7:26	6:15	21 الاثنين
10 Mardi	18:25	17:16	14:50	12:26	7:28	6:17	22 الثلاثاء
11 Mercredi	18:24	17:15	14:49	12:26	7:30	6:18	23 الأربعاء
12 Jeudi	18:23	17:14	14:48	12:26	7:31	6:19	24 الخميس
13 Vendredi	18:22	17:13	14:48	12:26	7:33	6:20	25 الجمعة
14 Samedi	18:21	17:12	14:47	12:26	7:34	6:21	26 السبت
15 Dimanche	18:20	17:11	14:46	12:27	7:35	6:23	27 الأحد
16 Lundi	18:19	17:10	14:45	12:27	7:37	6:24	28 الاثنين
17 Mardi	18:19	17:09	14:44	12:27	7:38	6:25	29 الثلاثاء
18 Mercredi	18:18	17:08	14:44	12:27	7:39	6:26	1 الأربعاء
19 Jeudi	18:17	17:07	14:43	12:27	7:41	6:27	2 الخميس
20 Vendredi	18:16	17:06	14:42	12:28	7:42	6:29	3 الجمعة
21 Samedi	18:16	17:05	14:42	12:28	7:43	6:30	4 السبت
22 Dimanche	18:15	17:04	14:41	12:28	7:45	6:31	5 الأحد
23 Lundi	18:15	17:04	14:41	12:29	7:46	6:32	6 الاثنين
24 Mardi	18:14	17:03	14:40	12:29	7:47	6:33	7 الثلاثاء
25 Mercredi	18:14	17:02	14:40	12:29	7:48	6:34	8 الأربعاء
26 Jeudi	18:13	17:02	14:39	12:30	7:50	6:35	9 الخميس
27 Vendredi	18:13	17:01	14:39	12:30	7:51	6:36	10 الجمعة
28 Samedi	18:12	17:01	14:38	12:30	7:52	6:37	11 السبت
29 Dimanche	18:12	17:00	14:38	12:30	7:53	6:39	12 الأحد
30 Lundi	18:12	17:00	14:38	12:31	7:54	6:40	13 الاثنين

Conditions de l'obligation du pèlerinage

1- être musulman.
2- être doué de raison.
3- être pubère.
4- avoir les moyens. Cela consiste à ce que le pèlerin dispose d'un viatique et d'une monture dignes de son rang.
5- être de condition libre.
6- En plus de ces conditions, il y a une sixième condition qui concerne la femme, à savoir la présence du *mahram*. Si elle fait le pèlerinage sans être accompagnée d'un *mahram*, elle encourt un péché mais son pèlerinage est valide.

« من حجّ فلم يرفث، ولم يفسق، رجع كيوم ولدته أمّه » متفق عليه

« Celui qui accomplit le pèlerinage [pour Allâh] en s'abstenant de rapports charnels et de la perversité, reviendra tel qu'il était le jour où sa mère l'a enfanté. » [Hadith authentique]

2009
ÉVÈNEMENTS ... ULMANS

...'a : 7 Janvier
...dan : 22 Août
... 20 Septembre
...ha : 27 Novembre

...mont-Ferrand,
...yon, Montpellier,
...z, Nantes, Rennes,
...lle, Amiens, Besançon,
..., Limoges, Nice, Or-
..., Poitiers, Reims,
...asbourg
..., Créteil, Paris, Versailles

Tél. : 01 48 96 77 03
Port. 06 13 30 87 26
E : imprimag@yahoo.fr

1430/143...
الأعياد والمناسبات الإسلامية

عاشوراء :
محرم / 7 جانفي

رمضان :
رمضان / 22 أوت

عيد الفطر :
شوال / 20 سبتمبر

عيد الأضحى :
الحجة / 27 نوفمبر

Ce calendrier contient des versets coraniques et des hadiths du Prophète. Prière de ne pas jeter ses feuilles.

Imprim' Arts-Graphic 01 48 ...

L'EXPULSION

Lundi 23 novembre, 9 heures 28, un SMS arrive sur mon portable :

> Tahar ses fai areter

Il est suivi d'un courriel à peine plus long :

> Tahar Ayari s'est fait arrêter ce matin par la gendarmerie de Beaurepaire. Merci d'appeler la préfecture et demander qu'il soit libéré.
> Sylvie

Ce que nous craignions tous est arrivé.

Aussitôt, les téléphones, les portables, les ordinateurs, les fax se réveillent : on cherche à en savoir plus, on rédige des communiqués, des messages qui partent chez les militants, les élus, à la préfecture… J'appelle la gendarmerie et je demande à parler à Tahar, afin de prendre de ses nouvelles. Le gendarme au téléphone me demande mon identité et, une fois renseigné, il me répond : « Cette personne est bien en garde à vue chez nous, mais vous n'êtes pas autorisé à lui parler. Au revoir. »

Dans l'après-midi, on apprend que Tahar est transféré au CRA, le Centre de rétention administratif de l'aéroport de Lyon-Saint-Exupéry. L'arrestation et la garde à vue sont bel et bien en train de se transformer en expulsion. Tout en continuant de suivre la situation de Tahar, il faut s'occuper du reste de la famille. Si la police veut profiter de l'occasion pour les attraper, ils sont tous en danger. Chez elle, Mahjouba, malade, grippée, rongée d'angoisse, accueille Mohammed qui rentre de l'école et lui explique ce qui se passe. Il écoute, ne semble pas surpris, demande s'il peut emporter son jeu vidéo. **Elle rassemble quelques affaires et ils quittent leur appartement pour aller se mettre à l'abri. Sur le seuil du bâtiment, elle vérifie que la voie est libre avant de sortir.**

À 18 heures a lieu un rassemblement devant le collège de Maroua. Dans la nuit et le froid, nous sommes un petit groupe à échanger des informations et à répondre aux questions des journalistes présents. Le téléphone de Sylvie sonne : c'est Tahar qui l'appelle depuis la cabine du centre de rétention. Il s'excuse presque : « J'aurais dû donner un faux nom. » Il explique qu'il doit rencontrer le juge des libertés et de la détention mercredi. Ça laisse deux jours pour s'organiser. Elle lui demande si elle peut le rappeler au même numéro un peu tard dans la nuit, il répond : « Oui, ici on est libres. »

À son retour de l'école, Mahjouba prévient Mohammed qu'il doit préparer quelques affaires. Ils quittent leur appartement sans savoir s'ils y reviendront.

double page suivante :
Avant de sortir du couloir de son immeuble, Mahjouba vérifie qu'il n'y a pas de danger dans la rue.

Mardi, la mobilisation s'amplifie. Les premiers articles sortent dans la presse, les premières réactions sont rendues publiques, la journée se passe à préparer la défense de Tahar. Les enfants ne vont pas à l'école et restent cachés avec leur mère. Le soir a lieu un deuxième rassemblement devant la préfecture, Maroua est présente : on nous répond qu'« on ne connaît pas très bien le dossier » (*sic*). Durant le rendez-vous, la nouvelle nous parvient : Tahar vient d'être expulsé vers l'Italie, par Modane, le premier pays par lequel il a pénétré dans l'espace Schengen, en vertu de la directive Dublin 2. La préfecture prétend ignorer où il se trouve. Dès l'instant où il n'est plus sur le territoire français, ce n'est plus leur problème. Maroua ne montre aucune émotion particulière à la nouvelle de l'expulsion de son père.

Mercredi, le contact est renoué avec Tahar. Il a pu joindre sa famille : il semble aller bien, il se trouve à Bardonecchia, juste de l'autre côté de la frontière, où la police italienne l'a relâché. Il convient d'un rendez-vous pour que son frère vienne le récupérer en voiture, après sa journée de travail. Le soir, à la gare, il n'est pas là. Son frère passe la nuit à le chercher dans les alentours, mais il a disparu.

Jeudi, encore une fois nous ne savons pas où est Tahar. A-t-il été arrêté de nouveau par les Italiens ? A-t-il tenté de retraverser la frontière, pour être arrêté par les Français ? A-t-il été agressé alors qu'il attendait dans les environs de la gare ? Toute la journée, nous essayons de le retrouver. Une militante, qui parle italien, téléphone à tous les hôpitaux du coin. On ne peut quand même pas demander à la police où il se trouve… Tard dans la nuit, un dernier SMS me parvient :

```
Le colis a été retrouvé en bon état.
```

Quelques jours après son retour en France, Tahar me raconte en personne son expulsion.

« Le lundi 23 novembre, comme tous les lundis, on part travailler dans notre camionnette, avec mon frère. Déjà, je n'aurais même pas dû aller travailler ce jour-là, j'étais malade... Et puis on n'aurait pas dû prendre cette route-là. Mon frère ne passe jamais par là, j'ai insisté, je lui ai dit que c'était un raccourci ! (*Il sourit*) Et voilà, on est tombés dans le panier !

À La Côte-Saint-André, de loin, on ne les a pas vus. Sinon je serais descendu, mais ils étaient cachés, on a pris le rond-point, et là, on ne pouvait plus en sortir. Ils nous ont fait stopper, j'ai pensé que cette fois-ci, ils m'avaient eu ! (*Il rit*) J'ai pensé ça tout de suite, ils vont nous demander nos papiers. D'abord ceux du véhicule : il était réglo. Puis nous, j'ai dit que je les avais oubliés, mais hé hé... Ils m'ont fait descendre, j'ai donné mon nom, mon vrai nom, c'est inutile de donner un faux nom, ça complique tout. C'était tranquille, il n'y avait pas d'agressivité. Ils ont tapé sur leur ordinateur : nom, prénom, date de naissance, ça sort une fiche : je suis fiché ! J'ai une OQTF. Eh oui. Le chef a dit à mon frère : "On va le garder et l'emmener à la gendarmerie." Mon frère est reparti. C'était inutile de chercher à discuter, il risquait juste d'avoir des problèmes.

Alors je pars avec eux. Ils avaient l'air content : "On va avoir du travail avec M. Ayari !" Ils ne m'ont pas posé de questions sur le moment : j'étais sans papiers, c'était sur ma fiche, voilà. Au moment de partir, quand même il y en a un qui a demandé : "On a pris le numéro de la camionnette ?" Eh non, ils étaient tellement excités de m'avoir trouvé, ils ont oublié ! Chouette, de bon matin, dès huit heures, on en attrape un ! J'ai pensé : tant pis pour vous... C'était des jeunes. Je leur ai dit : "Grâce à moi, c'est une bonne journée pour vous, aujourd'hui." Mais ils m'ont bien respecté, ils étaient polis, ils m'ont laissé fumer...

Arrivés à la gendarmerie, ils ont fait le procès-verbal de l'arrestation, ils l'ont envoyé à la préfecture et on a attendu la décision du préfet. Ils ont pris mes empreintes, ils m'ont photographié... Dans l'après-midi, la réponse est arrivée : direction le centre de rétention. En attendant, j'étais dans une cellule, derrière les bureaux, tout seul, un peu caché. Ils m'ont proposé à manger, mais je n'y arrivais pas, j'ai seulement pu boire du café. Vers 4 heures, ils m'ont annoncé qu'on partait à Lyon. J'ai voulu appeler Mahjouba et Sylvie pour les prévenir. L'officier de police judiciaire qui s'était occupé de moi leur a laissé un message. On est partis pour le centre de rétention. Les policiers roulaient à 190-200 km/h, avec la sirène. Il y avait des bouchons et ils ne voulaient pas rentrer trop tard. Dès mon arrivée, on m'a donné tout un tas de papiers et on m'a dit que j'allais voir un juge dans les 48 heures, le juge des libertés. Bon. Ils m'ont aussi demandé si je voulais faire une demande d'asile politique. J'ai dit non. Tiens, regarde, c'est les papiers qu'ils m'ont donnés :

> M. AYARI Tahar fait l'objet d'une décision de maintien en détention administrative d'une durée de 48 heures pour l'exécution de l'obligation de quitter le territoire français du 15 décembre 2008, notifiée le 9 janvier 2009. Cette décision prend effet le 23 novembre 2009 á compter de 16 heures. Il peut bénéficier du concours d'un interprète, d'un médecin, d'un conseil. Les horaires de visite pour le centre de rétention de Lyon sont 9h-12h/14h-18h, y compris pour les avocats et les interprètes.

(Il exhibe aussi des papiers de réadmission en Italie, datés de juillet 2009 : préparés à l'avance, en prévision de leur expulsion à tous, qui aurait dû avoir lieu en août, la première fois où des policiers ont tenté de les attraper. Suit une mention rajoutée le 23 novembre par la préfecture.)

> Cette famille n'est pas encore interpellée par les services de police de Grenoble. Seul M. Ayari est en garde á vue dans les locaux de la gendarmerie, suite á un contrôle routier. Je souhaite connaître l'avis de l'Italie sur cette demande de ré-admission, sachant qu'elle l'avait déjá acceptée en juillet 2009.

Dans la chambre, je suis avec deux autres. C'est tout ouvert, jusqu'à 11 heures, on est libres. Ça s'est bien passé, parce qu'on n'est pas des délinquants, on est des sans-papiers, tous dans le même cas : l'un, ils l'ont attrapé dans le tram, l'autre sur la route, on a discuté, on s'est raconté nos histoires. Le soir, on est allé manger dans un réfectoire. Il y avait plusieurs femmes jeunes, africaines : l'une je l'ai revue après, en Italie, ils l'ont expulsée comme moi. Le centre, ça ne ressemble pas à une prison, mais au bout de deux jours, tu t'ennuies, tu es nerveux, tu te demandes ce qu'ils vont faire de toi. J'en ai vu qui pleuraient. Il y avait beaucoup de Maghrébins, des Égyptiens, des Turcs…

Le lendemain matin, vers 10 heures, ils m'appellent au poste de police : "M. Ayari, tu dois te préparer pour 14 heures, on va te ramener en Italie." Sur le coup j'étais surpris, on m'avait dit juste avant que je devais attendre le juge, je me préparais à passer deux, trois semaines au centre. Il y en a qui sont là-bas depuis quatre semaines, parce qu'il y a un premier jugement, puis un autre, un recours… Bon, moi j'ai pensé : c'est bien, comme ça, c'est vite fait ! Les autres m'ont dit : "Félicitations, tu pars tout de suite", ce n'était jamais arrivé à personne, de ne rester que 24 heures ! Je suis allé voir la Cimade, c'est obligatoire quand on vient d'arriver, le monsieur a commencé à taper sur son ordinateur, je l'ai arrêté : "Excuse-moi, monsieur, mais c'est inutile, je vais partir !" "Ah bon ?" Alors il a appelé le poste de police, puis il m'a dit bonne chance. Il savait que j'allais revenir en France ! (*Il rit*).

Au cours d'un rassemblement devant le collège de Maroua, Tahar apprend lui-même par téléphone à Sylvie, du RESF, qu'il est retenu au CRA de Saint-Exupéry.

Lors d'une manifestation le lendemain de l'arrestation de Tahar, malgré une ambiance bon enfant, un cordon de CRS protège l'entrée de la préfecture. Dans la soirée, reçue par le chef de cabinet du préfet, une délégation s'entend répondre qu'« on ne connaît pas très bien le dossier des Ayari. »

double page suivante :
Maroua a souhaité participer à la mobilisation, elle apprend l'expulsion de son père en même temps que les militants réunis autour d'elle.

J'ai pris une douche, je me suis rasé, et on est partis. Ils étaient trois pour m'emmener, en civil, dans une voiture. Ils roulaient calmement, on a discuté, ils m'ont donné même leur portable pour appeler mon frère… Ils m'ont dit : "On sait bien que vous allez revenir, on se met à votre place, nous déjà on n'aime pas être séparés de nos enfants pendant deux jours, alors vous…" Ils ne m'ont pas interrogé pour savoir où était ma famille.

On arrive à Modane, par l'autoroute, Chambéry, la Maurienne, on arrive à la gare, juste à côté du poste de police. Là, c'est plus la police aux frontières, c'est la police française. La PAF m'a remis à la police nationale, ils avaient fini leur partie, ils avaient remis la marchandise. C'est la chaîne : la gendarmerie, la police aux frontières, la police nationale, la police italienne. Bon, ils m'ont retenu vingt minutes, pour vérifier que mes papiers d'expulsion étaient en règle, puis ils m'ont fait monter dans un fourgon, direction Bardonecchia, par le tunnel.

À Bardonecchia, la police est encore à côté de la gare, à cent mètres de là. C'est la *Polizia*, pas les *Carabinieri*. Je rentre, il y a un jeune, il prend mes papiers, il dit au revoir à la police française, il m'enferme dans un local pendant cinq minutes, puis il revient : "Monsieur Ayari, *dov'é passaporto* ?" Où est votre passeport ? Je lui explique qu'ils m'ont arrêté dans la rue, que je n'ai pas eu le temps de prendre mes affaires, mais que ça va arriver. Il m'a montré un bar à côté de la gare, il m'a dit : "Regarde, tu vas manger, ciao !" Et je suis sorti.

Le lendemain, il m'a revu au même endroit, il m'a demandé pourquoi je n'étais pas parti. J'ai expliqué que j'attendais mon frère. Il m'a dit : "Écoute, fais attention ! Pars ou bien on te met les menottes. Tu n'as rien à faire ici. Il y a des touristes, tu ne dois pas rester ici." Eux, ils viennent dix fois par jour là, pour vérifier. Mais je ne pouvais pas prendre le train pour rentrer, il y a tout le temps des contrôles à la frontière. Les policiers français de Modane, ils viennent tous les jours, juste avant l'arrivée du train de Milan. Ils montent dedans, et entre Bardonecchia et Modane, ils ont juste le temps de contrôler tout le train. Juste le temps du tunnel. S'ils retrouvent les gens qu'ils ont expulsés, ils risquent de dire : les policiers italiens, ils s'en fichent ! Ils laissent revenir ceux qu'on a expulsés. Chacun ses problèmes !

Alors je suis parti à Oulx, par le train, il y a juste deux arrêts. Au début, je pensais descendre vers Briançon en bus et passer la frontière plus au sud, où c'est moins contrôlé. Mais mon frère m'a appelé et il m'a dit qu'il venait me chercher. J'ai passé la première nuit à l'hôtel, j'ai attendu toute la journée, un café, une cigarette, un panini… Je savais que mon frère travaille la nuit, alors s'il vient, ce sera à l'aube. J'ai attendu encore, dans les salles d'attente des gares, là-bas c'est ouvert 24 heures sur 24. J'ai trouvé un Marocain, il m'a prêté son portable, j'ai eu mon frère, on a pris rendez-vous. On est rentrés par le tunnel du Fréjus, c'était minuit passé. »

Je pars vers l'Italie pour refaire le trajet de l'expulsion de Tahar. L'autoroute s'écoule entre les montagnes, le trajet est rythmé par les poids lourds et les tunnels. À Modane, le poste de police se situe à côté de la gare, juste au bout du quai. Je ne m'attarde pas, je continue vers la frontière. Avant de repartir, je repère un homme en face de la gare, en veste de costume élimée sur un vieux pull et un pantalon usé, un sac en plastique à la main. Il contraste nettement avec les vacanciers emmitouflés, de retour du ski, qui attendent le train.

Et me voilà donc franchissant le tunnel du Fréjus, quelques semaines après Tahar, cette antichambre entre une France qui le pourchasse et le rejette, mais où demeurent sa famille et ses proches, et l'Italie où il sera libéré, mais où personne ne l'attend.

À Bardonecchia, je fais halte à la gare. Le poste de la Polizia est encore au bout du quai, dans le même corps de bâtiment que la gare, cette fois. Panini, café, je mets mes pas dans ceux de Tahar, à l'endroit même où il a été relâché. Au *Bar-Ristorante-Tabacchi*, l'unique salle est un mélange de café, bureau-tabac, salle de jeux. Les vieux posters de l'équipe de foot italienne, championne du monde en 1982, côtoient les tickets de loto, les maillots de cyclisme, les percolateurs et les boîtes de cigare. Très peu de monde, quelques hommes qui zonent entre deux cafés. Le silence n'est interrompu que par le bruit des pièces des deux machines à sous. Un rayon de soleil balaie l'air poussiéreux. Attente. Ennui.

Plus tard, dans la salle d'attente, je revois le type de Modane, il tourne en rond, il semble chercher quelque chose. Tout cela me ramène encore une fois à Tahar. Rien d'autre à faire que tuer le temps. Je fais un tour dans le village pour me réchauffer.

À première vue, Bardonecchia ressemble typiquement à un petit village de la frontière, quasi désert en ce milieu de journée, à part ces types qui me dévisagent sans un mot, le coin est un peu miteux, comme endormi. On se croirait dans une sorte de western moderne à l'italienne, ou bien un néopolar… Mais dès que je monte un peu plus haut, l'ambiance change radicalement. Je me retrouve dans une station de sports d'hiver très coquette et bien plus peuplée qu'il n'y paraît dans le seul quartier de la gare.

Les vieilles demeures cossues voisinent avec les nouvelles installations sportives flambant neuves des Jeux olympiques d'hiver de 2006. À quelques minutes, des vacanciers en combinaisons colorées dévalent les pistes de ski, les parkings sont remplis de voitures immatriculées à Turin, les gens rient et s'amusent. Je comprends mieux pourquoi les policiers l'ont expulsé d'ici en lui disant : « Il y a des touristes, tu ne peux pas rester là ! »

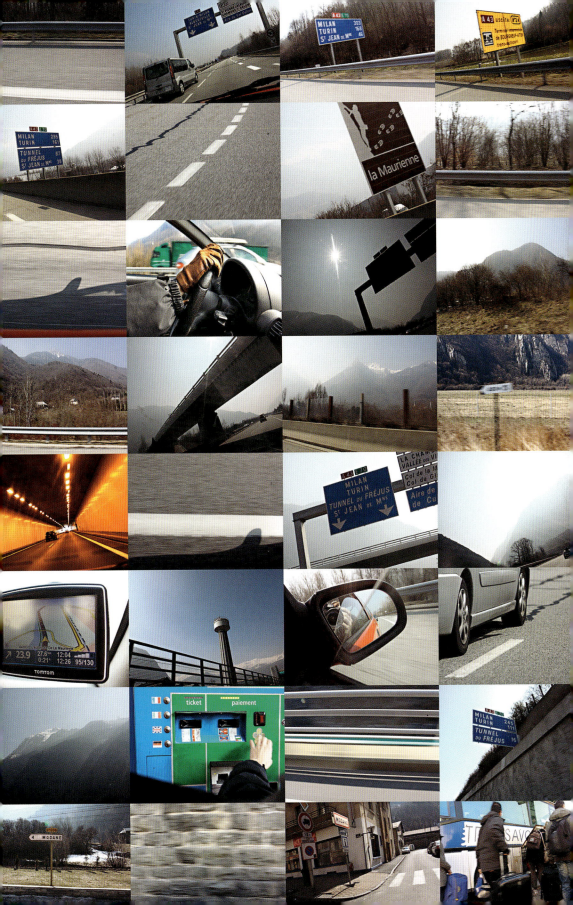

Fin de journée, la lumière baisse sensiblement. Tout ce beau monde redescend vers le centre-ville, dans la grand-rue les lumières s'allument, les devantures s'illuminent. Subitement la gare est pleine de jeunes gens bronzés, le surf sur l'épaule, qui reprennent le train pour Turin. Je capte l'ambiance du crépuscule, les vacanciers qui flânent devant les boutiques et, à trois rues de là, la lueur orange des lampadaires à sodium le long des quais redevenus déserts.

La nuit est tombée. Retour par le train pour Modane, à travers la frontière. Je guette les policiers français qui doivent venir inspecter le train sur ce tronçon, comme Tahar nous l'a raconté. Pour le moment, seuls les policiers italiens sont là, ils arpentent le quai, leur arme pendue au large ceinturon blanc. Les Français arrivent en courant à la dernière seconde, quatre membres de la police nationale en uniforme, à l'instant où retentit le sifflet du chef de gare. La procédure est très rodée. Les Italiens s'installent à l'avant, les Français en queue du train, les wagons sont bondés, plusieurs personnes seules, des Noirs, des Maghrébins…

Dans le train l'ambiance est tendue. Personne ne parle, personne ne bouge. Les policiers contrôlent tout le monde, méthodiquement : wagon par wagon, ils bloquent les deux issues puis parcourent la travée centrale, un pour chaque côté. L'opération est minutée, ils ont juste le temps de terminer avant d'arriver en France. Tout se passe sans un cri et sans problème en apparence.

Arrivée en France. Au total, ils arrêtent quatre personnes qu'ils emmènent au poste. Depuis le quai en face, je les vois aller et venir dans les bureaux. Trois sont enfermés dans une pièce grillagée, l'un d'eux marche de long en large en se tenant la tête entre les mains, le quatrième est interrogé dans un autre bureau, une femme policier le prend en photo. Il est 20 heures 30, les policiers ont fini leur journée, ils partent en éteignant la lumière.

Tout semble fonctionner parfaitement. Chacun sa mission, chacun sa zone de compétence, chacun son colis. On surveille, on contrôle, on appréhende, on enregistre, on achemine, on transmet, on signe une décharge, on repart. C'est du boulot bien fait, sans accroc, personne ne fait rien de mal, chacun doit être à sa place, de son côté de la frontière, dans son pays, dans sa condition, dans sa loi, c'est comme ça.

Panini, cigarettes, café :
sous les vieux posters de
la *squadra azzura*, au bar de la gare,
on trompe l'attente comme on peut.

À quelques minutes de la gare,
des vacanciers en combinaisons
colorées dévalent les pistes de ski.

Sur le quai, un policier italien monte
dans le TGV Turin-Lyon pour contrôler
les passagers avant l'arrivée en France.

La procédure est rodée : les Italiens à l'avant, les Français à l'arrière. Wagon par wagon, les policiers contrôlent tout le monde.

Dans le train, l'ambiance
est tendue. Personne ne parle,
personne ne bouge.
Les policiers inspectent à la loupe
les papiers des voyageurs.

Arrivés à Modane, les policiers
italiens repartent vers l'Italie.
Les trains poursuivent leur chemin.

double page suivante :
Les personnes arrêtées sont
interrogées et photographiées
au poste de police de Modane.

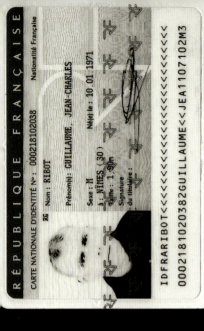

Chercher l'humain derrière l'image : il se saisit de son appareil photo « quand il y a l'histoire de quelqu'un derrière » Il dit que ce qu'il photographie, c'est une part d'humanité « Il faut passer le cap de l'image évidente, concevoir ses photos en regardant, mais aussi en pensant. »

De 2004 à 2008, il a participé, en tant que photographe et responsable de la logistique, aux travaux de recherches historiques sur la « Shoah par balles » en Ukraine et en Biélorussie aux côtés du père Patrick Desbois. Ses photographies ont été publiées dans de grands journaux internationaux : *Time*, *Paris Match*, *The New York Times*, *Le Monde*…

GUILLAUME RIBOT / PHOTOGRAPHE

Ses images sont aussi exposées dans différents musées : Mémorial de Caen, Mémorial de la Shoah, United States Holocaust Memorial Museum…

En 2008, il a publié deux livres dont *Camps en France histoire d'une déportation*, un ouvrage qui retrace le parcours d'un juif allemand dénommé Gerhard Kuhn.

Entre 2009 et 2012, il a écrit et réalisé son premier documentaire, *Le Cahier de Susi*, une enquête qui évoque sa mémoire familiale entremêlée à celle d'une famille juive autrichienne : les Feldsberg.

http://www.guillaumeribot.com
http://www.lecahierdesusi.com

Le 29 avril 1916, l'insurrection de Pâques s'achève à Dublin. Le 29 avril 2006, jour de ses trente ans, Vincent Karle termine à Dublin son premier roman, qui raconte cet événement : *La Brume & la Rosée* (éd. Castells, 2006).

Fin 2008, des policiers expulsent des enfants sans papiers d'une école à côté de chez lui. Colère, tristesse et peur le poussent à écrire *Un clandestin aux paradis* (éd. Actes Sud, 2009).

VINCENT KARLE / ÉCRIVAIN

L'accueil réservé au livre, notamment chez les jeunes, le conforte dans son envie de creuser la question. Il entame alors avec Guillaume Ribot un long travail de préparation pour un livre et une exposition sur des sans-papiers qu'il a rencontrés et suivis dans leur vie quotidienne : *[OQTF] Obligation de quitter le territoire français*.

Dans le même temps, il se souvient qu'il est lui-même un petit-fils d'exilé, et il voyage en France et en Espagne, sur les traces de son histoire familiale, pour écrire un roman de la mémoire.

http://auteurs.arald.org/

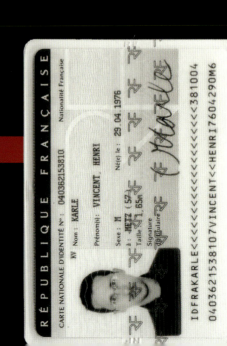

UN LIVRE ET UNE EXPOSITION

Lorsque nous avons proposé le projet d'exposition *[OQTF]* au Musée de la Résistance et de la Déportation de l'Isère (MRDI), nous avions en tête leur thématique « Résister aujourd'hui ». Dans la lignée de ces expositions qui illustrent l'actualité parfois brûlante des thèmes du programme du conseil national de la Résistance, *[OQTF]* est l'occasion de réfléchir sur cette résolution de 1944 : assurer le respect de la personne humaine. Par ailleurs, le MRDI est aussi une maison dédiée aux droits de l'homme, qui sont au cœur de la situation des sans-papiers en France de nos jours. À Grenoble, en Rhône-Alpes, et sur tout le territoire national, de nombreuses personnes sans papiers partagent notre vie sans que nous ne les connaissions. Conçue en complémentarité avec ce livre, l'exposition *[OQTF]* aura permis à tous ses visiteurs de porter sur eux un nouveau regard.

Musée de la Résistance et de la Déportation de l'Isère
14, rue Hébert 38000 Grenoble - www.resistance-en-isere.fr

[OQTF] Obligation de quitter le territoire français
Exposition au Musée de la Résistance et de la Déportation de l'Isère
15 juin - 14 octobre 2012.

Revue de presse, photos et textes inédits, documents préparatoires, dernières nouvelles des personnes interrogées…
www.guillaumeribot.com / rubrique [OQTF].

REMERCIEMENTS

Nos remerciements vont en premier lieu à toutes les personnes qui nous ont fait la confiance de nous offrir leur parole et leur image. Sans-papiers ou non, elles ont osé s'exposer. Ce livre n'est pas seulement pour elles, il est à elles.

Depuis notre première rencontre, nous avons bénéficié du soutien d'Olivier Cogne et de son équipe au MRDI, nous les en remercions ici.

Par ailleurs, ce livre n'existerait pas sans le travail de l'équipe des éditions Le Bec en l'air.

Vincent Karle & Guillaume Ribot

Merci à Cathy pour tout.
Vincent

1000 pensées pour Fleur, Lou, Bahia et Marie, les 4 femmes qui partagent ma vie. Merci pour votre soutien, votre écoute, vos sourires et pour la force que vous me donnez quand je ne crois plus en ce que je fais. Je vous aime.

Guillaume

Les éditions Le Bec en l'air remercient Olivier Cogne et l'équipe du Musée de la Résistance et de la Déportation de l'Isère.

GLOSSAIRE
Ada Accueil des demandeurs d'asile
Cimade Comité intermouvements auprès des évacués (service œcuménique d'entraide)
Ofpra Office français de protection des réfugiés et apatrides
OQTF Obligation de quitter le territoire français
RESF Réseau éducation sans frontières

Musée DE LA RÉSISTANCE ET DE LA DÉPORTATION
MAISON DES **DROITS DE L'HOMME**
isère
CONSEIL GÉNÉRAL

Cet ouvrage a été réalisé avec le soutien du Conseil général de l'Isère.

le bec en l'air
ÉDITIONS

41, rue Jobin
Friche la Belle de Mai
F – 13003 Marseille
www.becair.com

édition Fabienne Pavia, Fabien Vidotto, assistés d'Hermine Compagnone
correction Marion N. Enguehard

© le bec en l'air 2012
ISBN : 978-2-916073-86-6
imprimé en italie – dépôt légal juin 2012